产品多样化视角下中国外贸利益评估研究

王明荣　著

中国经济出版社
CHINA ECONOMIC PUBLISHING HOUSE
北 京

图书在版编目（CIP）数据

产品多样化视角下中国外贸利益评估研究／王明荣著．
—北京：中国经济出版社，2019.9
ISBN 978－7－5136－5923－9

Ⅰ.①产… Ⅱ.①王… Ⅲ.①对外贸易—研究—中国 Ⅳ.①F752

中国版本图书馆CIP数据核字（2019）第207299号

责任编辑　严　莉
责任印制　巢新强
封面设计　任燕飞

出版发行　中国经济出版社
印 刷 者　北京九州迅驰传媒文化有限公司
经 销 者　各地新华书店
开　　本　710mm×1000mm　1/16
印　　张　11.25
字　　数　150千字
版　　次　2019年9月第1版
印　　次　2019年9月第1次
定　　价　68.00元
广告经营许可证　京西工商广字第8179号

中国经济出版社 **网址** www.economyph.com **社址** 北京市东城区安定门外大街58号 **邮编** 100011
本版图书如存在印装质量问题，请与本社销售中心联系调换（联系电话：010－57512564）

目 录

1 绪 论 …… 1
1.1 研究背景、目的与意义 …… 1
1.2 研究思路与方法 …… 1
1.2.1 研究思路 …… 1
1.2.2 研究方法 …… 2
1.3 基本观点、主要框架和内容 …… 3
1.4 主要创新点 …… 5

2 国际贸易利益概述 …… 7
2.1 贸易利益的内涵 …… 7
2.2 贸易利益的来源 …… 8
2.2.1 静态贸易利益的来源 …… 8
2.2.2 动态贸易利益的来源 …… 16
2.3 本章小结 …… 19

3 理论基础:差异化产品种类的价值 …… 21
3.1 差异化消费品种类的价值 …… 21
3.1.1 固定替代弹性(CES)次级效用函数 …… 23
3.1.2 差异化产品种类价值的影响因素 …… 24

3.2 中间品投入品多样化的福利 …………………………… 26
3.3 产出多样化的福利 …………………………………… 27

4 中国进口品多样化的贸易利益估算 ……………………… 29
4.1 引言 ……………………………………………… 29
4.2 文献回顾 …………………………………………… 31
4.3 中国进口品种类变化的特征 …………………………… 34
4.3.1 进口品种类来源国(地区)较集中 ……………………… 36
4.3.2 进口地理方向多元化程度不断加深 …………………… 37
4.3.3 按进口品种类与按进口额划分的外贸地理方向变化不一致 ………………………………………… 37
4.4 实证模型 …………………………………………… 39
4.5 实证结果 …………………………………………… 45
4.5.1 数据来源及处理 ……………………………………… 45
4.5.2 单个进口品差异化种类间替代弹性的估计结果 ……… 45
4.5.3 进口品多样化程度 …………………………………… 50
4.5.4 进口品种类增长对实际进口价格的影响及福利效应 ………………………………………………… 51
4.6 结论及政策建议 ……………………………………… 52

5 国产品种类、进口品种类与中国进口贸易利得 ……………… 55
5.1 引言 ……………………………………………… 55
5.2 文献回顾 …………………………………………… 56
5.3 中国国产品种类和进口品种类之间替代关系的存在性 …… 58
5.3.1 实证模型 …………………………………………… 58
5.3.2 数据来源及处理 ……………………………………… 59
5.3.3 变量的描述性统计分析 ……………………………… 60

5.3.4 估计结果 …… 69
5.4 国产品种类与进口品种类之间的替代弹性估算 …… 74
5.4.1 实证模型 …… 74
5.4.2 回归结果分析 …… 75
5.5 国产品和进口品种类替代弹性与中国进口品种类增长的贸易利益 …… 79
5.5.1 理论基础 …… 79
5.5.2 估算方法及结果 …… 80
5.6 结论和政策建议 …… 83

6 中国进口品质量与产业产出 …… 84
6.1 引言 …… 84
6.2 文献回顾 …… 85
6.3 中国进口品质量的测度 …… 88
6.3.1 实证模型 …… 88
6.3.2 数据与指标构建 …… 89
6.3.3 指标的描述性统计分析 …… 91
6.4 中国进口品质量的特征 …… 94
6.4.1 实证模型估计结果 …… 94
6.4.2 中国进口品质量的分布 …… 97
6.5 中国进口品性价比分析 …… 103
6.5.1 中国进口性价比总体变化情况 …… 103
6.5.2 中国各产业进口性价比 …… 103
6.5.3 按进口地理方向中国进口性价比 …… 107
6.5.4 按 BEC 分类标准中国进口品性价比 …… 108
6.6 中国进口品质量阶梯分析 …… 109
6.6.1 按时间中国进口品质量阶梯的变化 …… 109

6.6.2 按产业中国进口品质量阶梯 …… 110
6.6.3 按进口地理方向中国进口品质量阶梯 …… 112
6.6.4 按 BEC 分类标准中国进口品质量阶梯 …… 112
6.7 中国进口品质量与产业产出的实证分析 …… 113
6.7.1 变量平稳性检验 …… 113
6.7.2 实证检验结果 …… 114
6.8 结论 …… 116

7 新进口中间投入品与国内企业产品创新 …… 119
7.1 引言 …… 119
7.2 文献回顾 …… 120
7.3 2000—2011 年中国进口中间投入品种类变化的描述性统计分析 …… 123
7.3.1 新进口中间投入品种类的识别方法及程序 …… 123
7.3.2 2000—2011 年中国进口中间投入品种类的变化情况 …… 124
7.4 1998—2009 年中国企业产品创新概况 …… 128
7.5 中国企业新进口中间投入品对其产品创新影响的实证分析 …… 129
7.5.1 基本回归模型 …… 129
7.5.2 数据的处理及实证结果 …… 130
7.6 稳健性检验 …… 136
7.7 结论与政策建议 …… 139

8 中国出口品多样化的贸易利益评估 …… 140
8.1 引言 …… 140
8.2 文献回顾 …… 140

8.3 中国出口品多样化程度的变化 …… 143
8.3.1 指标的构建 …… 143
8.3.2 数据来源 …… 144
8.3.3 计算结果 …… 144
8.4 出口多样化对中国经济增长的影响 …… 149
8.4.1 理论基础:半内生经济增长理论框架下出口品多样化对人均产出增长的影响 …… 149
8.4.2 实证模型 …… 150
8.4.3 实证结果 …… 151
8.5 出口品多样化对中国出口的影响 …… 152
8.5.1 理论基础 …… 152
8.5.2 实证模型 …… 153
8.5.3 数据来源 …… 153
8.5.4 实证结果及分析 …… 154
8.6 结论 …… 155

9 结论与研究展望 …… 156
9.1 主要结论 …… 156
9.2 研究展望 …… 159
9.2.1 贸易自由化、进口品多样化和贸易利益 …… 159
9.2.2 出口品多样化的产生机制 …… 159
9.2.3 贸易利益的分配 …… 160

参考文献 …… 161

1 绪 论

1.1 研究背景、目的与意义

我国以丰裕的劳动力要素比较优势参与国际分工，实现了外贸的“增长奇迹”，并带动经济“腾飞”。但关于我国外贸利益的评价却趋于“悲观”，如参与国际价值链条中的加工组装环节、获取廉价的加工费、贸易条件不断恶化等。然而，这些“悲观”评价忽略了由贸易引发的产品多样性对经济增长和产品创新的促进作用。

如何才能科学合理评价我国的贸易利益？为此，本书从产品多样化视角对我国外贸利益进行重新评估，为正确认识我国外贸利得提供新视角和理论依据，为我国外贸发展战略的制定和实施提供科学指导。

1.2 研究思路与方法

1.2.1 研究思路

本书利用理论分析和实证建模相结合的研究方法，构造可计算的贸易品多样化指标，使其能反映产品的质量差异和贸易对国内生产的影响，度量我国贸易品多样化的程度，分析贸易品多样化对产出和新产品创新的作用，据此，从产品多样化视角评估我国的贸易利益，并提出相应的政策建议。

首先，研究进口品多样化的静态和动态贸易利益。利用细分的 HS

8位贸易编码数据，估算进口差异化产品种类之间的替代弹性，以及进口品和国产品种类之间替代弹性，实际估算我国进口水平差异化产品多样化程度，并实际估算从中获得的总体静态贸易利益；估算HS 8位编码进口品质量，从产业、进口地理方向、BEC分类三个角度分析我国进口品质量的分布，并估算了进口品质量对我国产业产出的影响；分析新进口中间投入品种类的增加对国内产品创新的作用，从而量化进口的动态贸易利益。

其次，研究出口品多样化的贸易利益。分析出口品多样化程度的变化，并建立实证模型研究了出口品多样化对我国GDP以及出口绩效的影响，客观上认识出口品多样化的贸易利益。

最后，结合进口和出口的实证分析结果，从产品多样化视角对我国外贸利益进行总体评估，并提出相应的对策建议。

1.2.2 研究方法

本书依托细分的HS 8位编码中国与200多个国家和地区的进口和出口贸易数据，以及中国工业企业数据系统地分析我国进口和出口多样化程度的变化，据此分析我国贸易品多样化的贸易利益，从产品多样化的视角对我国贸易利益进行估算。总体来看，本书采用了以下几种研究方法。

（1）系统的文献回顾是本书研究的基础。

系统的文献回归贯穿于本书的始末，概括来看，这些系统的文献评述涉及以下几个方面：贸易利益的概述、差异化产品种类的价值的理论基础、进口品多样化的贸易利益估算方法演进、进口品和国产品种类的替代性在进口品多样化贸易估算中的重要性、进口品种类的质量估算、企业新进口中间投入品对其产品创新的影响估算6个方面。

（2）规范分析和实证分析相结合。

在建立实证模型进行分析前，本书首先分析变量之间存在关系的理论依据，并据此建立具体的模型。这一思想贯穿于本书实证分析模型的各个章节。

（3）使用面板数据模型回归分析法进行实证分析。

不同于一般的横截面和时间序列分析，本书主要运用产品、企业、产业、国家由微观渐至宏观的面板数据模型回归分析法进行实证分析。建立产品层面的面板数据模型估算了 HS 8 编码进口品的差异化产品种类之间的替代弹性；建立产业层面的面板数据模型，估算了各个产业中进口品种类和国内产品种类之间的替代弹性；建立产业层面的双固定面板数据模型，估算了 HS 8 位编码水平的进口品质量；建立企业层面的面板数据模型估算了企业的新进口中间投入品对其新产品创新的作用。最后出口部分，建立国家层面的面板数据模型，研究出口多样化对我国人均 GDP 的影响

总之，本书的实证分析建立在规范理论分析的基础上。在实证分析时，依据大量的数据计算实际可操作的指标，依托这些指标的计算，建立面板数据和时间序列回归模型进行实证分析。

1.3 基本观点、主要框架和内容

在非价格竞争为主的世界市场竞争中，贸易品多样性是贸易利益的重要组成部分，它对贸易国的经济发展具有不可忽视的促进作用。为更加科学全面评估我国的贸易利益，本书通过理论探讨和实证分析，度量进、出口品多样化的程度，研究其产生机制及其对人均 GDP 增长和企业创新的影响，客观正确地认识我国外贸利益。本书共 9 章，主要框架和内容如下：

第 1 章是绪论，主要介绍了本书的选题背景、研究目的和意义，对本书的研究思路和方法进行了说明，分析了本书的框架和研究内容，并指出本书创新点和结论。

第 2 章从静态和动态贸易两个角度梳理了贸易利益的内涵和来源。

第 3 章分别从消费品多样化、产出多样化以及中间品多样化三个角

度，阐述差异化产品种类的价值的理论基础。

第 4 章利用 2000—2011 年中国与 240 多个国家和地区细分的 HS 8 位编码双边进口贸易数据，估算了 4236 个进口品的替代弹性值，其结果显示：我国差异化产品种类替代弹性的平均值为 43.1，中位数为 7.6；相比 2000 年，2011 年消失的产品种类占比为 1.4%，新增加的产品种类占比为 4.3%，进口差异化产品种类的净增加程度为 1.5%；实际进口价格指数比未经进口品种类变化调整前的传统进口价格指数下降 1.5%；2000—2011 年，我国从进口品种类增长中获取的贸易利益为 2011 年 GDP 的 0.56%。发现：以往基于粗略贸易数据的研究结论低估了我国进口品种类替代弹性值、变化程度和福利效应；为提高我国进口品多样化程度，需要更加注重单个新增进口品种类的贸易额；为提高我国进口贸易利益，应选择部分产品作为进口品种类增长的重点。

第 5 章采用 2000—2011 年 8 位 HS 编码海关国别进口数据建立实证模型，计算我国各产业进口品种类对国产品种类的替代弹性以及由此引发的国产品种类变化，估算忽略二者之间替代关系所导致的进口品种类增长贸易利益估算偏误。实证结论表明：①进口品种类对国产品种类存在竞争替代效应，且具有行业差异性特征，少数行业国产品种类增加，大部分行业国产品种类下降，若忽略进口品与国产品之间的竞争替代效应，将高估我国进口品种类增长的贸易利益；②通过总估算偏误的结构分解，可以发现各产业中进口品种类对国产品种类的替代弹性只是其潜在竞争替代程度的表象，而劳动生产率才是决定我国进口品种类对国产品种类实际替代程度的核心因素。

第 6 章利用 2002—2008 年我国的 HS 8 位编码进口数据、产业产出数据，估算了 HS 8 位编码水平的进口差异化产品种类的质量，进而从时间、产业、进口地理方向以及 BEC 分类标准分析了我国进口品质量的绝对值，进口性价比以及进口品质量阶梯的变化，最后建立计量模型估算了进口品质量对我国产业产出的影响效应。

第 7 章通过提出新进口中间投入品的识别程序，基于 HS 8 位编码海关数据对 2000—2011 年我国新的、一直存在的和消失的进口中间投入品种类概况进行了分析；进一步将 2000—2006 年中国海关数据与中国工业企业数据进行匹配，建立实证模型从区别企业所有权性质、产业异质性不同角度研究了我国新进口中间投入对企业新产品创新的影响。研究发现：①新进口中间投入品对其产品创新具有显著影响的企业类型只有国有企业和中外合资企业，而对中外合资企业的新产品创新的促进作用超过国有企业。②产业的新进口中间投入品对其新产品创新具有显著影响。因此，我国进口中间投入品中，新进口中间投入品种类是先进技术的载体，对我国企业尤其是国有企业的产品创新起到很好的支撑作用，在我国进口商品结构调整中，要重视新进口中间投入品种类的及时引进。

第 8 章研究出口品多样化的贸易利益。由于出口企业的生产率高于国内生产的企业，所以当出口品多样化程度上升时，整个社会的生产率率水平都会提高。理论模型说明，出口多样化程度的提高有利于一国从出口贸易中获得更多的外贸利益。本章以 GDP 和出口规模作为外贸利益的量化指标，在实际计算我国 1993—2012 年出口多样化指标的基础上，建立实证模型分析了出口多样化的福利效应。

第 9 章是本书的结论，对本书进行了总结，指出了本书的不足和进一步研究的方向，并提出了具体的对策建议。

1.4 主要创新点

（1）结合最新的研究文献，从贸易理论演进的角度，系统地梳理贸易利益概念，并从动态和静态贸易利益两个角度，梳理了消费品、产出以及中间品多样化的贸易利益来源。

（2）把产品多样化因素纳入进口贸易利益评估模型，基于更加细分的 HS 8 位编码数据，计算进口品差异化种类间的替代弹性和产品多样化程度的变化，分析进口品种类的变化对我国进口价格指数和 GDP 的影响，重新评估我国在进口贸易中所获得的静态贸易利益，并提出相应的政策建议，为我国外贸发展战略的制定和实施提供一定的数据支持和科学依据。

（3）以 HS 2 位编码为产业，实际计算了产业出口比较优势 RCA 指数，进而建立面板数据模型估算了产业中进口品种类和国产品种类之间的替代性的存在性、替代弹性系数以及进口品对国产品种类的替代产生的进口品种类福利估算偏误。

（4）利用细分的贸易数据和企业层面数据，分别研究我国进口中间品多样化动态贸易利益。首先，基于海关数据，将 HS 8 位编码进口品数据与 BEC 分类标准相匹配，识别了新的进口中间投入品；其次，通过将中国工业企业数据和海关数据相匹配，建立企业层面的面板数据分析了企业新进口中间投入品对新产品创新的作用，估算了进口的动态贸易利益。

（5）基于 HS 8 位编码海关数据与 ISIC 产业数据，计算了 2002—2008 年我国产业的进口渗透率，基于此，估算了 HS 8 位编码进口品的质量、性价比和质量阶梯，从垂直多样化的角度认识我国进口多样化的变化。

2　国际贸易利益概述

贸易理论所要回答的两大基本问题：一是国际贸易发生的原因；二是从国际贸易中的获利。贸易利益问题研究是国际贸易（分工）理论研究的基本问题之一。国际贸易理论的发展经历了古典、新古典、新贸易理论和新新贸易理论的发展历程，理论分析的假设也从完全竞争市场、规模报酬不变、企业相同的经典假设逐渐放松到包括非完全竞争市场、规模经济和异质性企业。随着基本假设的放松，国际贸易理论在解释不断变化的国际贸易现象发生的原因的同时也不断丰富了贸易利益的内涵，使得贸易利益产生机制更加多样化。本章从贸易理论发展的视角系统梳理贸易利益的内涵和产生机制。

2.1　贸易利益的内涵

贸易利益（Gains from Trade）是一国通过国际贸易获得的较封闭经济状态的福利改善，是一国参与国际分工的根本动力。贸易利益包括生产利得和消费利得两个方面。消费的利得来自参与世界市场交易（Gains from Exchange），表现为在收入不变的情况下，第一，消费者可以更低的价格消费更多的产品量；第二，可供消费者选择的产品种类范围扩大带来的福利改善。生产利得来自专业化生产（Gains from Specialization），表现为：一是专业化生产本国具有技术或禀赋优势的产品，在资源总量既定的情况下获得更多产出；二是进口本国不能生产的中间品带来劳动生产率改进；三是竞争对本国国内企业产生的优胜劣汰，低劳动生产率的企业被淘汰，高劳动生产率的企业继续生产，部分最高劳动生产率的企业出口，贸易带来的企业选择效应会提高一国的劳动生产率；四是通过贸易促进技术进步，提高一国的长期经济增长率。

按照贸易对长期经济增长率的不同效应，上述的贸易生产和消费利得可以划分为静态贸易利益和动态贸易利益两个方面。静态贸易利益是贸易带来的短期利益，与一国劳动生产率的提高、消费者的福利水平增加相联系；动态贸易利益是指贸易是否提高了一国的经济增长率。新经济增长率论认为长期中一个国家持续经济增长的唯一决定因素是技术进步率，因此，动态贸易利益是指贸易是否提高了一国的技术进步率。

正确理解一国贸易利得对一国贸易政策的执行具有重要意义。若认为贸易是“双赢”博弈，即，贸易双方都会从贸易中获利，有利于自由贸易的开展；但若认为贸易是“零和”博弈，一方的获利是建立在对方损失的基础上，则极易产生贸易保护主义倾向。

2.2 贸易利益的来源

2.2.1 静态贸易利益的来源

2.2.1.1 传统贸易理论中静态贸易利益的来源

古典贸易理论和要素禀赋理论统称为传统贸易理论，其共同特点是假定市场处于完全竞争的状态，生产是规模报酬不变的。完全竞争市场的核心特点之一是产品是同质的，同一个产业的产品不论在哪个国家生产都是相同的，没有差异性。

因此，国际贸易中国家之间的竞争主要是价格竞争。同种产品，在一国内生产成本低，国际竞争中的定价就低，就能够出口，否则就进口。

根据古典和新古典要素禀赋理论，国家之间是按照技术或禀赋决定的成本优势进行专业化分工，一国专业化生产并出口自己有成本优势的产品，进口自己有成本劣势的产品。在既定资源约束下，消费者可以更低的价格消费更多的产品量，生产者由于专业生产成本较低的产品，可以用节约的劳动时间或资源禀赋生产更多的产品，贸易利益主要体现为社会资源总量不变时，消费或生产的产品量的增加。

Helpman 和 Krugman（1985）说明判断一国是否获得贸易利益的充分条件为：

$$P \cdot X^A \leqslant P \cdot X \tag{2-1}$$

（2-1）式中 X^A 是封闭经济中的产出向量，X 是自由贸易均衡下的产出向量，P 是自由贸易的世界市场价格向量。（2-1）式说明，自由贸易下的价格和收入（用 $P \cdot X$ 表示），使经济体仍能担负起其封闭均衡时的总消费量，贸易利益就确定获得，即，各国根据各自技术或要素禀赋所确定的比较优势进行专业生产分工，能够提高生产效率，使得世界产出最大化，最终贸易双方都会从贸易中获利，贸易利益体现为消费者以更低的价格消费更多的产品量。

在传统贸易理论框架下，贸易利益来源于国内交换价格与国际交换价格的差异，在全球范围内配置资源（在古典贸易理论中仅表现为劳动力要素，在要素禀赋理论中表现为资本、劳动、自然资源所有要素）产生的效率改进，这可以从（2-2）式和（2-3）式的分析中得到说明。

$$MRT_{XY}{}^{A} = (P_X/P_Y)^A = MRS_{XY}{}^{A} \neq MRT_{XY}{}^{B} = (P_X/P_Y)^B = MRS_{XY}{}^{B} \tag{2-2}$$

$$MRT^A = MRS^A = (P_X/P_Y)^W = MRT^B = MRS^B \tag{2-3}$$

（2-2）式中，A 和 B 分别表示国家 A 和 B，X 和 Y 分别表示商品 X 和商品 Y。$MRT_{XY}{}^{A}$、$MRT_{XY}{}^{B}$ 分别是国家 A 和 B 生产者生产商品 X 和 Y 的边际转换率，$MRS_{XY}{}^{A}$、$MRS_{XY}{}^{B}$ 分别是国家 A 消费者消费商品 X 和 Y 的边际替代率，在无贸易的封闭均衡下，各个国家内部实现了生产和交换的帕累托最优的资源配置，表现为产品间边际替代率与边际转换率在各国国内相等，但在国家之间，边际替代率和边际转换率却是不相等的。如果边际替代率与边际转换率不相等，仍存在帕累托改进的余地。(2－3)式说明，自由贸易开展后，国家之间的交换价格统一于世界市场价格，边际替代率与边际转换率在国家之间也实现了相等，实现了世界范围内资源的优化配置，即帕累托最优，因此，自由贸易带来了资源的优化配置，提高了世界的福利。

2.2.1.2　新贸易理论中贸易利益的来源

随着国际分工从产业间分工向产业内分工转变，差异化产品的产业内贸易成为国际贸易的主要形式，价格竞争不再为主要的竞争方式，非价格竞争成为主流。张伯伦（1933）和罗宾逊（1933）提出市场并非完全竞争的，更加一般的状态是垄断竞争和不完全竞争。规模经济、垄断是产生不完全市场竞争的重要原因，规模经济存在时，企业生产规模越大，生产的平均成本越低，因此，规模经济要求市场逐步集中于少数几个企业，即，产生了不完全竞争。新贸易理论打破传统贸易理论完全竞争市场、规模报酬不变的假设，将不完全竞争市场与规模经济相结合，在解释产业内贸易发生的原因的同时也"捕捉"到传统比较优势理论所不能展现的一些额外的贸易利益。

（1）垄断与贸易利益

当国内市场是垄断时，垄断企业通过控制产品生产量来控制价格，会产生价格对其边际成本的标高（Mark－up），价格对成本的标高会带来社会福利的无谓损失（Deadweight Loss）。垄断企业的价格标高程度取决于产品的需求价格弹性和竞争的程度。垄断市场中企业的数量增加时，竞争程度上升，价格标高降低，增加社会福利。国际贸易的开展，本国企业在国内和世界市场都面临外国企业的竞争，贸易利益来源于垄断势力的破除带来的效率改进，理论模型的分析表明，当国内市场是垄断时，贸易对国内福利的影响并不是确定性的增加作用。

Markusen（1981）说明贸易的促竞争效应会提高国内福利。假定要素市场是完全竞争的，初级产品食品部门也是完全竞争，但工业制成品部门只有一个生产者——垄断市场结构。假定两国是完全相同的，包括技术、资源禀赋等传统贸易理论解释的贸易发生的因素都不存在。在贸易发生前，国内制造业部门是垄断市场结构，封闭均衡时：

$$MRT_{mf} = \frac{MC_m}{MC_f} = \frac{p_m(1 - 1/\varepsilon_m)}{p_f} < \frac{p_m}{p_f} = MRS_{mf} \qquad (2-4)$$

ε_m 是制造业部门的需求价格弹性。根据（2-4）式由于制造业部门存在垄断，市场均衡的结果是 $MRT_{mf} \neq MRS_{mf}$，垄断厂商通过控制生产量来提高价格，偏离了竞争性均衡的帕累托最优结果，带来低效率。

但若制造业部门开展自由贸易，会产生的开放均衡结果为：

$$MRT_{mf} = \frac{MC_m}{MC_f} = \frac{p_m\left(1 - \frac{1}{2\varepsilon_m}\right)}{p_f} < \frac{p_m}{p_f} = MRS_{mf} \qquad (2-5)$$

制造业部门开展自由贸易后，本国和外国的市场都从垄断市场结构变成了寡头市场结构，由于我们假定两国是完全相同的，所以每个企业平分市场份额，各国国内边际替代率与边际转换率的差异下降，这带来的结果是产出增长以及消费者福利水平提高。

Brander 和 Krugman（1983）的相互倾销模型（Reciprocal Dumping Model）通过引入运输成本（Iceberg Cost），说明当国内市场是垄断时，垄断企业间的相互倾销行为也会产生促竞争效应，但竞争对福利的影响受运输成本的影响，并不一定会带来国内福利的上升。在运输成本不是很高的情况下，贸易会降低本国的价格水平，提高消费者福利，对企业而言，尽管在国内获得的利润因为市场份额的降低而下降，但可以由在国外销售获得的利润增加来弥补，贸易的促竞争效应带来的本国福利改善。但当运输成本很高时，贸易成本过高，贸易量太小，贸易的结果可能会降低福利。

（2）垄断竞争、规模经济与贸易利益

Feenstra（2006）将垄断竞争、规模经济条件下的贸易利益来源归结为三个渠道：一是价格下降；二是产品多样化；三是企业选择效应。

①价格下降

贸易带来国内价格的下降会提高消费者的福利水平。新贸易理论提出了与传统贸易理论不同的价格下降的产生机制。在传统贸易理论中，规模报酬不变，国家间产品价格的差异来自技术或禀赋差异带来的成本差异，国内价格水平的下降来自进口品国外低成本的产品，进口品价格低于国内均衡价格。但新贸易理论说明，生产的规模经济直接带来国内价格的下降。自由贸易降低关税成本，在国内市场上一部分企业退出，成功生存的企业面临的国内市场规模将会扩大，而外国的关税水平降低，出口企业面临的国外市场规模也会扩大，这会降低企业生产的平均成本，带来价格下降。

②产品多样化

Dixit 和 Stiglitz（1977）将差异化产品种类纳入张伯伦（1933）和罗宾逊（1933）垄断竞争模型，提出了 CES 模型，CES 模型强调了产品多样化对生产和消费的重要作用。Krugman（1979，1980）将张伯伦（1933）垄断竞争市场环境与 CES 模型相结合，使得最终消费品多样化成为贸易利益的主要来源之一；与 Krugman（1979，1980）不同，Ethier（1982）主要分析了中间品种类增长的贸易利益。

A. 进口消费品多样化的福利效应

CES 模型强调消费者偏好产品多样化，即使在价格和收入都不变的情况下，能够消费的产品种类数越多，消费者的效用越高。Krugman（1979，1980）说明最终消费品的产业内贸易利益来源之一是通过进口本国不能生产的产品种类，会满足消费者对产品种类的偏好，提高消费者福利水平。

规模经济要求每种产品的生产规模不断扩大，这带来自身生产的产品种类数不断下降；但社会总体存在多样化偏好，这或体现为多样化偏好（S－D－S 类型偏好，产品种类越多越好），或体现为“情有独钟”

式偏好（Lancaster 类型偏好，每个人都有自己最偏好的产品种类“Ideal Variety”）。因此，在封闭均衡下，规模经济与产品多样化之间存在一个两难的冲突。差异化产品的产业内贸易可以解决这一冲突。产业内贸易发生后，经济体通过贸易换回经济所需的其他产品种类，这样贸易发生后，可获得的差异化产品种类以及每种产品的生产规模的同时增加。差异化产品种类的增加会因为满足消费者对多样化的偏好提高消费者的福利水平，在规模经济存在的情况下，产品生产规模的扩大会降低产品的价格，消费可以以更低的价格消费产品，这也会提高消费者福利水平。

假定消费者的效用函数为：

$$U = \left(\sum_{i=1}^{N} c_i^{\ \rho}\right)^{1/\rho},\ 0 < \rho < 1 \qquad (2-6)$$

其中ρ是差异化产品种类之间的替代弹性，$\rho > 0$确保差异化产品种类之间是替代品，$\rho < 1$确保产品种类之间是非完全替代的。要体现产品种类的重要性，进一步假定所有的产品种类的消费量是相等的，即$c_i = c, \forall i$，那么（2-6）式可以写成：

$$U = \left(\sum_{i=1}^{N} c_i^{\ \rho}\right)^{1/\rho} = (Nc^{\rho})^{1/\rho} = N^{1/\rho}c = N^{(\frac{1}{\rho}-1)}/Nc \qquad (2-7)$$

（2-7）式说明产品种类的增加一方面带来对实际资源的需求（Nc）上升，但由此带来的效用增加超过Nc的增加比例，所以$N^{(\frac{1}{\rho}-1)}$是产品种类增加的额外收益。

经济体能够生产的差异化产品种类由企业的利润最大化生产决策获得，假定企业的生产函数为线性，但存在规模经济效应：

$$L_i = f + mx_i \qquad (2-8)$$

f和m分别表示企业生产的固定成本和边际成本。内部规模经济的存在意味着一个企业只能生产一个产品种类。

企业利润最大化求解，可以得到封闭经济均衡下各国生产的产品种类：

$$N = \frac{L}{f\varepsilon}, N^* = \frac{L^*}{f\varepsilon} \tag{2-9}$$

产业内贸易后，本国和外国面临的产品种类都增加到 $N + N^*$，根据（2－5）式，这会提高消费者福利水平。Krugman（1979，1980）水平差异化产品的产业内贸易模型只讨论了最终消费品种类增加对消费者福利的影响，忽略了中间品种类增长的贸易利益，其次，将贸易引发的产品种类增长的贸易利益静态化，根据（2－9）式，各国生产的产品种类是既定的；最后，忽略了国内外产品种类对国内产品种类之间的竞争和互补效应。

B. 进口中间品多样化的福利效应

在新经济增长理论的框架下，一国进口中间品多样化的贸易利得包括静态和动态贸易利益（Goldberg 等，2010），前者是指进口本国不能生产的包含新知识及技术的中间品提高进口国的劳动生产率（Feenstra 和 Markusen，1992），后者是指进口新的中间品降低国内创新成本，以提高产品创新（Grossman 和 Helpman，1991）。

Ethier（1982）指出，在国际贸易中，中间品贸易比最终消费品贸易更为突出。因此与 Krugman（1979，1980）不同，他主要分析了中间品种类增长的贸易利益。假定工业制成品由中间品加工组装而成，共有 n 个中间品，每个中间品种类的产量为 x_i，任取 i，工业制成品的生产函数可以表示为：

$$M = n^{\alpha} \left[\sum_{i=1}^{n} (x_i/n) \right]^{1/\beta}, \alpha > 1, 0 < \beta < 1 \tag{2-10}$$

其中 β 表示差异化中间品种类之间的替代弹性，β 值越大，中间品之间的替代程度越容易，反之，中间品之间的替代越难，产品之间差异性越大。

为了更好地体现中间品种类增长的贸易利益，我们假定每个中间品种类产量相同，即 $x_i = x$ 任取 i，则（2－10）式可以写成：

$$M = n^{\alpha-1}(nx) \tag{2-11}$$

从（2－11）式易得，若 x 不变，n 上升 1 倍，会带来工业制成品产出增长超过 1 倍。由此，若本国生产的中间品种类为 n_H，外国生产的中间品种类为 n_F，那么中间品产业内贸易后本国和外国的中间品种类总量为 n_H+n_F，均超过本国和外国封闭经济均衡下生产的中间品种类，进一步带来工业制成品更大规模的扩张。

③企业的选择效应

因此贸易通过提高单个企业的生产率以及企业之间的选择效应两个机制来促进社会总体生产率水平的提高。Pavcnik（2002）估算了单个企业自身的生产率函数，利用智利企业层面的研究数据发现，贸易自由化在带来社会资源从低生产率企业向高生产率企业配置的同时，也提高了单个企业自身的生产率。Meltiz（2003）将企业异质性纳入 Krugman（1980）的理论框架，开创了新新贸易理论。Meltiz（2003）强调了开放竞争效应，带来企业的优胜劣汰，可以在本国企业的生产率水平没有变化的情况下，通过淘汰低生产率的企业，会提高本国的平均生产率水平。

在封闭经济中，行业的平均生产率由关门生产率[①]决定，本国行业生产率只能通过单个企业生产率的提高来实现，而不能通过市场份额在产业内企业间的重新分配来改变。开放后，由于贸易成本和进入国际市场沉没成本的影响，关门生产率分解依次增大的为三部分：封闭经济关门生产率、开放经济关门生产率、国际市场关门生产率。对于生产率大于封闭经济 ZCP 但小于开放经济 ZCP 的企业会被淘汰破产，退出市场；生产率大于开放经济 ZCP 小于国际市场 ZCP 的企业还能继续生存，但业务范围只能局限在国内，不能参与国际市场竞争；只有生产率大于国际市场关门生产率的企业，才能在弥补贸易成本和进入国际市场沉没成

① 企业关门生产率（零利润生产率，Zero Cutoff Profit Productivity，ZCP），这个约束被称为关门条件，或零利润条件。如果生产率高于关门生产率，企业就可以获得利润，如果低于这个水平，企业就会退出市场。

本后，仍然获利，能够出口，参与国际市场竞争。

因此在考虑企业异质性的情况下，开放本身引入的竞争机制产生的优胜劣汰是一国贸易利益的来源。贸易提高了行业关门生产率，使得那些在封闭经济中本可以继续生产的企业被迫退出市场，市场份额向更高生产率企业转移，关门生产率的提高和低生产率企业的退出，使行业总体生产率水平提高。

新新贸易理论找到了一条提高生产率的新路径，在不提高单个企业生产率水平的情况下，一国仍然可以通过贸易和开放来提高一个产业甚至全国的生产率水平。一国积极参与国际国内分工，提高对外开放水平，有利于提高行业生产率水平，充分发挥优胜劣汰效应。无论是作为中央政府，还是地方政府，推动出口导向和对外开放政策都非常重要，将有利于本地的经济发展。但该理论也给予产业基础薄弱、竞争力不强的发展中国家警示，对外贸易本身是一把“双刃剑”，开放在带来好处的同时，也带来了许多不利的影响，这体现在：

首先，市场开放可能对落后地区某些产业的发展带来不利影响，例如，一些技术含量高但对地区未来经济发展却颇为关键的产业，可能由于外部高效率企业的进入而衰退，所以在引进外部企业的同时，还应考虑这些企业对本地区相关产业的带动效应。

其次，自由贸易导致了资源的重新配置，使利润和市场份额向高生产率企业转移，这可能导致垄断。

最后，如果贸易仅发生在部分地区，这可能会拉大地区内部的差距，固化地区分工。如我国的沿海和内地，由于受区位等因素的影响，沿海企业更易获得贸易带来的好处，而内地企业则更倾向于满足国内市场，这也是地区差距形成的重要原因。

2.2.2 动态贸易利益的来源

2.2.2.1 不同经济增长理论对经济增长来源的解释

对经济增长的分析最早追溯到亚当·斯密的在《国富论》中的分

析，斯密将经济增长过程描述为人均产出的增长，它来自：一是生产要素的增长；二是技术进步。斯密认为技术进步来源于分工，分工促进了新知识的创新。

20 世纪 30 年代，面对西方的经济大萧条，凯恩斯的《就业、利息和货币通论》强调了总需求管理政策的重要性。基于凯恩斯的宏观经济理论，哈罗德—多马模型说明经济增长取决于要素积累，直接的投资就能产生持续的经济增长。

$$\frac{\Delta Y}{Y} = \sigma\gamma \tag{2-12}$$

其中 σ 是储蓄率，γ 是资本产出比率（K/Y）。根据哈罗德—多马模型，对经济增长至关重要的是投资，储蓄不重要。这一结论是建立在：①资本产出比不变（为常数）；②劳动的供给无限的假设基础上（这些假设都来自其理论产生的背景，1929—1933 年的大萧条）。但在现实中，资本边际产出递减，并且劳动的供给并不是无限制的。

针对哈罗德—多马模型的弊端，20 世纪 50 年代末期，索洛提出了自己的经济增长理论，成为新古典增长理论，其理论的核心观点为：储蓄和投资只影响稳态时的产出水平，不能对经济增长率产生影响，长期中经济增长率的唯一源泉是外生的技术进步率。

由于索洛模型将技术进步率外生化，并没有说明技术进步率的来源。通过将技术进步内生化，内生经济增长理论说明技术创新是由经济系统内部催生的，经验的累积（Arrow，1962）、研发资金的投入（Romer，1986）都对技术创新起到促进作用。动态贸易利益体现为贸易对技术进步的作用。

2.2.2.2 国际贸易、技术进步与动态贸易利益

从动态贸易利益的概念角度，国际贸易通过影响一国的技术进步而产生动态贸易利益。

（1）索洛模型框架下的动态贸易利益

在索洛（Solow）模型框架下，Baldwin（1992）说明贸易促进了短

期和中长期产出的增长，但不会影响到经济增长率。原因在于通过贸易的专业化分工、竞争效应会提高生产效率，表现为既定资源约束下，生产量增加，即生产函数上移，在短期内，资本量不变时，稳态的人均产出增加；中长期中，人均产出的增加又会带来资本量上升，产生更高的稳态产出水平。由于索洛模型中技术进步率是外生给定的，一旦经济进入稳态，经济增长率保持不变。Krugman（1994）亦说明亚洲四小龙的增长奇迹主要是靠储蓄以及资本积累，但技术进步很少，由此导致这些国家开放的长期利益会逐步减少。

但即使不放弃基本的索洛模型技术进步外生给定的假设，若将技术的非竞争性、外生性加入，国际贸易仍可以对一国的技术进步率产生影响，产生长期、永久性增长。国际贸易中技术的非竞争性和外生性体现在：①国际贸易品本身就包含一定的技术，技术外溢会促进一国的技术进步（Learning - by - import，Learning by export）；②进口竞争效应，进口提高了竞争，促使一国企业提高创新的速度，采用新方法，应用新的降低成本的技术。

（2）国际贸易、创新与动态贸易利益

熊彼特（Schumpeter）是创新经济学的鼻祖，他将创新定义为一个不断打破经济均衡的过程，创新的核心是技术创新，包括新产品、新工艺、新市场和新服务等。技术进步根本来源于本国的技术创新，即新技术不断产生，旧技术不断淘汰。

技术的创新取决于其成本和收益，而技术创新的成本和收益又取决于市场的规模可利用的资源以及社会如何在现期消费和未来消费上配置资源。Grossman 和 Helpman（1991）研究了经济发展程度相同的国家之间贸易对创新的影响。研究结果表明国际贸易扩大了市场规模，能够让更多国家的人接触创新的成果，从而提高创新的预期收益，但贸易同时也提高了竞争的程度，竞争的加强会降低单个创新企业的获利，最终，国际贸易带来的市场规模的扩大，不会对创新国家的经济增长率产生影响。最终国际贸易只能产生静态的贸易利益，表现为：一是贸易使得各国的消费者获得新产品；二是贸易使得生产者进行专业化生产获得生产效率的改善。

（3）国际贸易、技术模仿与动态贸易利益

领导者—追随者模型和中心—外围模型强调国际贸易促进了发达国家与发展中国家之间的技术创新—模仿，世界经济增长的速度取决于技术领先国的创新和模仿国技术模仿，国际贸易使领导者和追随者都获利，领导者的获利来自专著于创新，并从追随者那里进口价格低的产品；追随者的获利来自专注于生产，并从领导者那里获得了技术。

但 Grossman 和 Helpman（1991）的研究结论表明国际贸易对技术创新国和模仿国经济增长率的影响是不对称的。创新国的创新不断增长，但模仿国由专注于生产，一味地技术模仿，资源不断地从研发部门转入生产制造部门，降低其原本就很少的创新以及创新的增长速度，对长期经济增长产生不利的影响，这一点与 Krugman（1994）的研究结论也相同。不管怎样，上节所描述的静态贸易利益都是存在的。

2.3 本章小结

基于对现有文献的梳理，本章从贸易理论发展的视角系统梳理贸易利益的内涵和产生机制。贸易利益（Gains from Trade）是一国通过国际贸易获得的较封闭经济状态的福利改善，包括生产利得和消费利得两个方面，根据对长期经济增长的不同效应，这些生产和消费利得可以划分为静态和动态贸易利得。静态贸易利益与一国劳动生产率的提高、消费者的福利水平增加相联系；动态贸易利益是指贸易是否提高了一国的技术进步率。

传统和新贸易理论基于不同的假设，不断丰富了贸易利益的来源。在传统贸易理论框架下，贸易利益来源于国内交换价格与国际交换价格的差异，在全球范围内配置资源产生的效率改进；新贸易理论中，贸易利益来源于垄断势力的破除产生的效率改进，垄断竞争和规模经济条件下，贸易利益来源于规模经济带来的价格下降，消费品和中间品多样化带来的消费者福利水平的提高、生产率的提高以及产品创新；当包括企业异质性，贸易竞争效应对社会总体生产率的提高既来自企业自身生产率的提高作用，也来自资源从低生产率企业向高生产率企业配置产生的选择效应。

水平型贸易和垂直型贸易下，贸易对创新的影响是不同的。发达国家之间的贸易对创新并不能起到促进作用，而发达国家与发展中国家之间的贸易对发达国家的创新有利，而不利于发展中国家长期增长。发展中国家本身研发资源有限，如果将有限的资源都用于模仿，那么用于创新的资源将会减少，创新带来的新产品增长是长期经济增长的最终动力。所以，发展中国家应该注重自我创新，以促进经济的可持续发展。

3 理论基础：差异化产品种类的价值

微观经济理论基于 CES 型效用函数、生产函数，说明最终消费产品多样化种类自身会影响消费者福利；相对于产出单一化，产出多样化对社会 GDP 产生影响；中间品多样化影响全要素生产率、技术进步。产品多样化对消费者效用、生产率和技术进步的影响效果是差异化产品种类的价值体现，这些分析成为量化贸易品多样化的贸易利益的理论基础。本章结合已有研究文献，分别从消费品多样化、产出多样化以及中间品多样化三个角度综述差异化产品种类的价值。

3.1 差异化消费品种类的价值

现实中有这样的经济事实，各个产业，尤其是大部分制造业产业中，大量水平差异化产品被生产出来，这些产品会从某个角度（性能、花色、口味等）来满足消费者的偏好。Spence（1976）、Dixit 和 Stiglitz（1977）（S－D－S）、Lancaster（1975）通过设定对差异化产品种类而不是消费量偏好的消费者效用函数来体现产品多样化的价值。基于这些理论，给定商品的价格和消费者的收入水平，消费者可获得的产品种类增加时，效用提高。

消费者对差异化产品种类偏好可以总结为下述两种方式：

第一种是对每个消费者而言，产品种类越多越好，即消费者偏好多样化（Love of Variety）。消费者偏好多样化体现在：消费者喜欢选择不同的款式、不同的花色，而不是只选择一种；观看电影，可供选择电影越多越好。消费者对多样化的偏好在 Spence（1976）、Dixit 和 Stiglitz（1977）中首先提出，也称为 S－D－S 方式。在 S－D－S 框架下，每个消费者都偏好多样化，所以可以直接对代表性消费者的需求函数进行分析，进而加总就可以得到市场的需求函数。

第二种是情有独钟式的偏好（Ideal Variety）。情有独钟式的偏好表明消费者有自己最偏好的产品种类，并且不愿意改变。如，苹果产品爱好者对苹果产品的执着偏好、一些人固定发型等。在这种情况下，产异化产品种类偏好不是体现为每个人都是偏好多样化，而是体现为社会总体存在偏好多样化，因为将有独特偏好的消费者汇总起来就产生了社会偏好多样化。Lancaster（1975）首先提出情有独钟式的偏好。在 Lancaster 框架下，并不是所有的消费者都选择相同的产品种类，所以市场需求曲线不能通过对代表性消费者的需求曲线简单加总得到。

考虑产品差异化情况下，消费者从所有产品消费中获得的总效用水平可以用一个两阶段的效用函数来表示，具体为：

$$U = U(u_1(\cdot), u_2(\cdot), \cdots, u_I(\cdot)) \qquad (3-1)$$

其中的 $u_i(\cdot)$ 是从产品 i 的消费中获得的次级效用函数；$U(\cdot)$ 是总效用函数，衡量消费者从所有产品 $i=1, 2, 3, \cdots, I$ 的消费中获取的总效用水平，对总效用函数的基本假定是递增的和位似的。

首先，给定在产品 i 上的总支出 E_i，在 E_i 的约束下消费者选择对产品 i 的每个差异化产品种类的消费量，以最大化次级效用，求解的结果也确定了消费者在每一商品组上的支出。

其次，在总收入 E 的约束下，消费者选择在各种产品上的支出，以取得总效用最大化。

在描述消费者如何偏好产品种类上，较受欢迎的是 S－D－S 偏好，究其主要原因：一是 CES 效用函数以及 C－D 函数的易处理性①；Lan-

① Broda 和 Weinstein（2006）。

caster（1975）不容易产生总需求函数和价格指数①。二是实证上易处理。基于CES效用函数的需求函数估计起来较为容易，在本书中，对贸易品多样化的贸易利益估算的理论基础都是建立在S－D－S偏好的基础上，因此，我们基于S－D－S偏好来理解产品种类自身的价值。

3.1.1 固定替代弹性（CES）次级效用函数

消费者偏好多样化可以采用固定替代弹性（Constant Elasticity of Subsitution，CES）型的效用函数来表示。（3－1）式是经常在理论模型中采用的对称性②的CES次级效用函数。

$$u_i(D_{i1},D_{i2},\cdots,D_{i\omega}) = \left(\sum_{\omega} D_{i\omega}^{\beta_i}\right)^{\frac{1}{\beta_i}},\ \beta_i = \left(1-\frac{1}{\sigma_i}\right),\sigma_i > 1 \quad (3-2)$$

（3－2）式中，下标i是第i个产品，ω是产品i的第ω个产异化产品种类，$D_{i\omega}$是对产品的第ω个差异化产品种类的消费量。σ_i是产品i的差异化产品种类之间的替代弹性，若将$i=1$，2，…，I看做是一个具体的产业，这样每个产业的差异化产品种类之间有一个替代弹性值③，但它在不同的产业值是不同的。

根据（3－2）式，我们假定对于产品i，消费者有n_i种产品种类可供选择，并且每个产品种类的价格是相等的，为$\bar{p}$，那么不论消费在产品i上的支出E_i有多大，消费者最优的选择是购买所有的产品种类，并且对每个产品种类的购买量相等，即：

$$n_i\bar{p}D_{i\omega} = E_i \Rightarrow D_{i\omega} = \frac{E_i}{n_i\bar{p}} \quad (3-3)$$

将（3－3）式带入到（3－2）式中，得到消费者从产品i的差异化产品消费中获得的效用水平为：

---

① Helpman和Krugman（1985）以及Broda和Weinstein（2006）。

② 效用函数的对称性意味着假定各种产品种类之间的价格差异不大，正常情况下消费者会选择消费大量的产品种类，极端的情况下，若所有产品种类的价格都相等，消费者会选择对所有可获得的产品种类消费相等的量。

③ 这是此种效用函数称为固定替代弹性的原因，即，替代弹性值在一个产业是相同的。

$$u_i\left(\frac{E_i}{n_i p_i},\frac{E_i}{n_i p_i},\cdots,\frac{E_i}{n_i p_i},0,\cdots,0\right)=n_i^{1/\sigma_i-1}\frac{E_i}{p_i} \tag{3-4}$$

从（3－4）式可以看出，随着差异化产品种类 n_i 的增加，消费者效用水平 u_i 提高。

3.1.2 差异化产品种类价值的影响因素

基于 CES 效用函数，差异化产品种类的增加会提高消费者的福利，通过对二步消费者约束优化问题的求解，可以进一步获得二者之间的传导机制中的影响因素。

3.1.2.1 差异化产品种类数及其价格

（1）消费者次级效用最大化

根据（3－2）式所表明的次级效用函数，消费者约束优化问题解表示为：

$$D_{i\omega}=\frac{P_{i\omega}{}^{-\sigma_i}}{\sum_{\omega\in\Omega_i}P_{i\omega}{}^{1-\sigma_i}}E_i,\omega\in\Omega_i \tag{3-5}$$

其中的 $P_{i\omega}$ 是产品 i 第 ω 种差异化产品种类的价格，Ω_i 是产品 i 的差异化产品种类集。可以看出，当所有的差异化产品种类的价格都相等时，消费者对每个种类的消费量相等时等于 $\frac{E_i}{n_i\bar{p}}$，因此（3－3）式所表明的极端情况下的需求函数实际上是（3－4）式当差异化产品种类价格相等时一个特例。

σ_i 是产品 i 的差异化产品种类之间的替代弹性，当产品 i 的差异化产品种类非常多时，它近似地等于单个企业的需求价格弹性。根据（3－5）式给出的需求函数，生产产品 i 的第 ω 种差异化产品种类的企业所面临的需求价格弹性可以表示为：

$$\varepsilon_{i\omega}=\frac{\partial D_{i\omega}/\partial p_{i\omega}}{p_{i\omega}/D_{i\omega}}=\sigma_i+\frac{p_{i\omega}{}^{1-\sigma_i}}{\sum_{\omega\in\Omega_i}P_{i\omega}{}^{1-\sigma_i}}(1-\sigma_i)$$

当产品 i 中的差异化产品种类非常多并且所有差异化产品种类的价

格是相等时，第二项的值等于 $\frac{1-\sigma_i}{n_i}$ ，那么 $\lim_{n_i\to\infty}\frac{1-\sigma_i}{n_i}=0$ ，σ_i 成为企业所面临的需求价格弹性①。

（2）消费者总效用最大化

其次，根据次级效用约束优化问题的求解获得的单个差异化产品的需求函数，在总收入 E 的约束下，消费者选择在各种产品上的支出，以取得总效用最大化。此时消费者的决策问题为：

$$\max_{D_1,D_2,\cdots,D_I} U[n_1^{\frac{1}{\beta_1}}D_1, n_2^{\frac{1}{\beta_2}}D_2, \cdots, n_I^{\frac{1}{\beta_I}}D_I]$$

$$s.t \sum_{i\in I} p_i n_i D_i \leqslant E$$

其中 D_i 是产品 i 的一个代表性差异化产品种类的消费量，E 是总支出水平。根据总效用函数的位似性特点，可以得到如下形式的需求函数：

$$D_i = \varphi_i(p,n)E, i \in I$$

$\phi_i(p,n)$ 是在给定商品上 i 上的支出份额，它是产品价格及可获得产品种类的函数，其中，$P=(p_1,p_2,\cdots,p_I), n=(n_1,n_2,\cdots,n_I)$ 。这意味着在产品 i 上的支出份额为：

$$\alpha_i(p,n) \equiv p_i\phi_i(p,n), i \in I \tag{3-6}$$

（3－6）式表明消费者在产品 i 上的支出份额取决于其可获得的差异化产品种类数 n 及其价格 p 。这说明了产品种类通过影响消费者的需求来影响支出，从而影响 GDP。消费者对差异化产品 i 的消费需求量取决于差异化产品 i 相对价格，相对价格越高，则需求量越低。

差异化产品种类之间的替代弹性是影响差异化产品种类价值的重要因素，但（3－6）式中，替代弹性 σ_i 隐含在 $\phi_i(\cdot)$ 中，并不能体现其影响效应。

---

① 这其中的原因在于当产业 i 中的企业数很多时，单个厂商相对于整体而言是非常小的，并且认为自己不能影响总需求和价格水平，因此，他会觉察到自己面对的是一条带有不变弹性 σ、向下倾斜的曲线（甘道尔夫，1999）。

3.1.2.2 替代弹性与差异化产品种类的价值

甘道尔夫（1999）假定经济中只有两种商品，一种是同质产品，另外一种商品有 n 个差异化产品种类。消费者对同质产品的消费量用 Y 表示，D_i 表示对差异化产品的品种 i 的消费量。

对于 CES 形式次级效用函数，若产品 i 是同质的，那么效用水平的高低取决于产品 i 的消费量自身，$u_i(\cdot) = D_i$；而若产品 i 是差异化产品，那么 $u_i(\cdot)$ 取决于产品 i 的每个差异化产品种类的消费量，即，产品种类数影响消费者的效用水平。因此，同质产品和包含差异化产品种类的产品同时存在时的次级效用函数可以表示为：

$$u = Y + A\theta^{-1}\left[\left(\sum_{i=1}^{n} D_i^{\alpha}\right)^{1/\alpha}\right]^{\theta}, 0 < \theta < 1, \sigma = \frac{1}{1-\alpha} \quad (3-7)$$

定义差异化产品的数量和价格指数 D 和 P 分别为 $D = \left(\sum_{i=1}^{n} D_i^{\alpha}\right)^{1/\alpha}$，$P = \left(\sum_{i=1}^{n} P_i^{\alpha/(\alpha-1)}\right)^{(\alpha-1)/\alpha}$，此时消费者的预算约束条件可以表示为 $I = Y + P$，根据上述函数，消费者效用约束优化问题解为：

$$D_i = Bp_i^{-\sigma} P^{\sigma-\varepsilon} \quad (3-8)$$

D_i和 P_i是对第 i 个产品种类的需求函数，P_i是其价格。（3-8）式表明差异化产品之间的替代弹性值会影响单个差异化产品种类需求量：其他条件给定的情况下，替代弹性值越大，对差异化产品的需求量越小，这就是体现产品差异的重要性，即，产品之间的差异性越大，就越能满足消费者的差异性需求，需求量就越大，这也体现了假定 $\sigma > 1$ 的合理性。

3.2 中间品投入品多样化的福利

基于 Grossman and Helpman（1991）、Feenstra（2004）说明差异化中间投入品的种类（N）的增多会导致产出的增加。假设只有一种最终品，产量为 y，生产函数为不变替代弹性函数形式。

$$y = \left[\sum_{i=1}^{n} x_i^{\frac{\sigma-1}{\sigma}}\right]^{\frac{\sigma}{\sigma-1}} \tag{3-9}$$

其中x_i是中间投入i（$i=1$，2，…，n）的数量，假设$\sigma>1$，此时中间投入品种类数的变化对产出将产生影响。若模型是对称的，即，所有中间投入品使用数量是相等的，$x_i=x$，（3－13）式可以重新写成：

$$y = n^{\frac{\sigma}{\sigma-1}}x = n^{\frac{\sigma-1+1}{\sigma-1}}x = (nx)n^{\frac{1}{\sigma-1}} = n^{\frac{1}{\sigma-1}}X \tag{3-10}$$

其中$X=nx$，是投入品的总量。由于$\sigma>1$，当投入品总量不变时，中间投入品种类的增加会带来最终品产量的增加。差异化中间投入品种类的增加，可以看做新增的中间投入品提高了企业的生产效率，从而带来产出的提高。

将（3－10）式中的$n^{\frac{1}{\sigma-1}}$当做技术进步A，可以将其重新写作$y=AX$，A取决于新增的中间品种类数。因此，进一步要分析的是中间品种类数是怎样随着时间的变化而变化的，这样就通过中间品种类的动态变化将技术进步内生化，体现了中间品种类增加的动态利益。

3.3 产出多样化的福利

Feenstra 和 Kee（2004）假定在世界经济中有许多国家$c=1$，2，…，C，其中每个国家都生产许多种产品。每个时期，国家c生产的产品集表示为$I_t^c=\{1, 2, 3, \cdots\}$，对于$i\in I_t^c$，其产出量为$q_{it}^c$，$q_t^c$为每种产品的产出量向量，$Q_t^c$为一国的总产出向量，其生产受转换曲线$F[f(q_t^c, I_t^c), V_t^c]=0$的约束，其中$V_t^c=(v_{1t}^c, v_{2t}^c, \cdots, v_{mt}^c)$是国家$C$在$t$时刻的资源禀赋向量。

一国的总产出Q_t^c用CES生产函数可以表示为：

$$Q_t^c = f(q_t^c, I_t^c) = \left(\sum_{i\in I_t^c}\alpha_i(q_{it}^c)^{\frac{\sigma-1}{\sigma}}\right)^{\frac{\sigma}{\sigma-1}},\ \alpha_n>0, c=1,2\cdots,C \tag{3-11}$$

（3－11）式表明，总产出取决于每种产品的生产量、差异化产品

的种类数以及 σ 。σ 是产品 i 的差异化产品种类之间的替代弹性，假定 $-\infty<\sigma<0$，即，产品 i 的差异化产品的产量 q_{it}^{c} 位于严格凹的转换曲线上，满足 $Q_t^c=\bar{Q}_t^c$ 。在既定资源约束下，根据产品转换率小于0，$-\infty<\sigma<0$ 描述了产品之间的替代关系。

产品种类的增加对收入的增加作用可以通过图3－1生产可能性曲线得到说明。

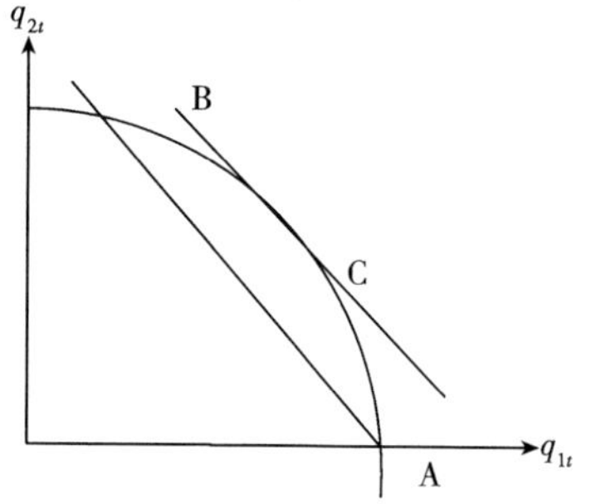

图3－1　产出多样化的福利效应

如图3－1所示，如果一国只生产一种产品，该国将会在A点生产，此时获得的收益可以用直线AB表示，而如果该国生产的产品种类增加，在图3－1中表现为两种产品都生产，此时最优的生产点将在生产可能性曲线上，例如图3－1中的C点，此时收益可以由与C点相切的切线表示，可见一国产出的多样化提高了该国的收益。

4 中国进口品多样化的贸易利益估算

4.1 引言

改革开放近四十年来，我国对外贸易结构始终呈现“出口比重过高，进口比重过低，贸易顺差过大”的贸易不平衡特征。此外贸特征的长期持续带来一系列贸易和经济问题，诸如外贸摩擦加剧、人民币升值压力上升、贸易外汇占款引发的国内通货膨胀压力增加等，这些问题严重影响着我国对外贸易的稳定发展和国内经济的持续增长。因此，我国政府在“十二五”规划中明确提出：优化对外贸易结构，实现“促进出口商品结构优化，发挥进口对宏观经济平衡和结构调整的重要作用，促进贸易收支基本平衡”的目标。这意味着，我国外贸策略的侧重点之一是扩大进口。在这种背景下，正确认识进口贸易利益，对我国制定合理的进口贸易政策具有重要的现实意义。

进口贸易利益是一国通过进口获得的较封闭经济的福利改善，包括消费利得和生产利得。对进口贸易利益的表现形式，不同贸易理论给予了不同的回答。传统贸易理论假定市场处于完全竞争状态，贸易品是同质的（即进口种类不变），进口本国具有技术或禀赋劣势的产品，节约了资源，在既定资源约束下生产出比封闭经济条件下更多的产量，进口贸易的消费或生产利得都表现为产品数量而与产品种类无关。基于规模经济和不完全竞争的市场（贸易品具有差异性，进口品种类可变）假设，新贸易理论揭示：通过进口获得的产品种类的增加是一国进口贸易利益的重要来源。基于 CES 效用函数，Krugman（1979，1980）、Helpman 和 Krugman（1985）[1-3]说明进口贸易利益体现为进口提高了可供消费者选择的产品种类范围，带来消费者效用水平的增加。由于国际贸易中几乎 2/3 的贸易都是中间品贸易，Ethier（1982）说明进口中间品种类增加能够通过提高经济中生产的最终消费品种类数，产生与 Krugman（1979，1980）相同的进口贸易利益。因此，进口品种类是一国进口贸易利益评估中不可忽略的因素。Broda 和 Weinstein（2006）基于 Feenstra（1994）将所有的进口品都当做最终消费品，说明进口品种类的增长会降低一国进口总价格指数，福利表现为消费者效用的增加。由于消费者效用难以量化，当假定经济符合 Krugman（1980）的理论框架，进口总价格指数下降带来的消费者效用增加，可以用与进口价格指数下降比例相同的消费者收入增加来补偿，补偿的消费者收入可以解释为消费者为获得更多的进口品种类愿意支付的收入比例，用 GDP 来替代消费者收入，进口品种类增长的福利效应具体量化为 GDP 的增长比例。

国内学者沿着 Feenstra（1994）[9]与 Broda 和 Weinstein（2006）[10]的研究思路，并借鉴他们的研究方法，在我国进口品多样化的福利效应研究上取得了一批研究成果，但这些研究的一个共同点是：估算进口品种类变化程度所使用的数据不够精细，或采用 HS 6 位编码数据，或采用 SITC2 位编码数据。正如 Feenstra（1994）[9]与 Broda 和 Weinstein（2006）[10]所强调的，进口品种类的细分程度直接左右着进口品种类增长程度和贸易利益的估算精确度。相比较于 HS 8 位编码，HS 6 位编码产品分类数据较为粗略，会低估差异化产品种类之间的替代弹性和进口品种类的变化程度，产生进口品种类变化总福利效应的估计误差。

本章是对现有文献的补充，贡献在于把产品多样化因素纳入贸易利益评估模型，基于更加细分的 HS 8 位编码数据，计算进口品差异化种类间的替代弹性和产品多样化程度的变化，分析进口品种类的变化对我国进口价格指数和 GDP 的影响，重新评估我国在进口贸易中所获得的利益，并提出相应的政策建议，为我国外贸发展战略的制定和实施提供一定的数据支持和科学依据。

4.2 文献回顾

通过度量产品种类对消费价格的影响，进而研究进口品多样化的贸易利得一直是国际贸易理论与政策探讨的一个热点和难点问题。最早较系统研究产品种类变化对其消费价格影响的文献应归功于 Hausman (1981, 1994)[13,14]，Hausman 提出如何借助希克斯（Hicksian）补偿效用函数估计单一产品的需求和供给函数，并把这种估计方法应用于谷物类产品制造行业，得到“产品种类的变化使得其实际消费价格指数下降 20%”的结论。Petrin（2002）[15]把 Hausman 的估计方法应用于美国小型货车行业，探讨了产品种类的增加（新产品的引进）对消费者福利的影响，结果显示：产品种类的增加，加剧汽车生产企业之间的市场竞争，导致小型货车价格下降，使得消费者成为最终的受益者。这些文献主要通过估计具体产品的供给和需求函数，探讨单一产品种类的变化对其消费价格的影响。就数据的可获得性而言，估计具体产品的供给和需求函数所需数据量大，而且程序复杂，较适用于估算单一产品种类变化对其实际消费价格指数的影响，难以将其推广到整个经济体所有产品种类变化对总消费价格水平的影响，最终也难以量化产品种类变化的总体福利效应。

Feenstra 和 Markusen（1992）[5]与 Romer（1994）[16]借助数值模拟法，解决了所有产品种类变化对总体福利影响的度量问题，得到进口中间投入品种类的增加将提高进口国的 GDP 或全要素生产率，但是没有分析产品种类变化影响总体福利的作用机理，使得相应实证结果的政策可实施性大打折扣。

然而，无论是 Feenstra 和 Markusen（1992）[5]与 Romer（1994）[16]

基于模拟法的总量分析，还是 Hausman（1981，1994）[13,14]和 Petrin（2002）[15]对单一产品多样化的价格影响探讨，均假定“产品之间的替代弹性相同”，此假定显然与客观现实存在一定的差距。为了完善前人的研究不足，Feenstra（1994）[9]采用双边进口贸易数据，通过估算 8 种产品的差异化种类间替代弹性值，解决了“替代弹性单一值”的假定问题。此外，在 Diewert（1976）[17]、Sato（1976）[18]和 Vartia（1976）[19]工作的基础上，Feenstra（1994）[9]构建一个能反映产品种类变化的实际进口价格指数，该指数明确了进口品种类变化对其实际进口价格水平产生影响的两个主要因素：一是新增加或消失的产品种类的市场份额；二是同一产品的差异化种类之间的替代弹性值。

Broda 和 Weinstein（2006）[10]指出，Feenstra（1994）[9]估计出的替代弹性值存在多重性问题，并且只计算了 8 种产品，其研究结论不具一般性。为了消除单一产品差异化种类间替代弹性的多重性问题，Broda 和 Weinstein（2006）[10]提出不同情形下识别唯一替代弹性值的具体条件；基于估计出的替代弹性，先将单一产品进口价格指数加总成实际总进口价格指数，然后基于 Krugman（1980）[2]理论框架，将进口品种类增长的福利效应量化为末期 GDP 占比。相对于 Feenstra（1994）[9]的估算方法，Broda 和 Weinstein（2006）[10]改良后的方法可以在不知道进口品种类变化原因的情况下，仍能估算出进口品种类变化的总福利效应。

虽然国内学者在进口品多样化的福利效应研究方面起步较晚，但已经沿着 Feenstra（1994）[9]与 Broda 和 Weinstein（2006）[10]的研究思路，并借鉴他们的研究方法，取得了一批优异的研究成果，所得结论对优化我国外贸结构、正确认识进口品多样化对我国外贸利益的影响等问题提供了理论依据。

从研读的国内文献可以发现，国内关于进口品多样化的贸易利益评估研究大体可以划分为两个角度：一是估算进口品种类的总福利效应，如陈勇兵等（2011）[20]与陈松和刘海云（2013）[21]；二是采用回归分析法研究进口品种类增长对全要素生产率的影响，如钱学峰等（2011）[22]和赵永亮（2013）[23]。但他们有一个共同点：估算进口品种类变化程度所使用的数据不够精细，或采用 HS 6 位编码数据，或采用 SITC2 位编码数据。正如 Feenstra（1994）[9]及 Broda 和 Weinstein（2006）[10]所强调的，进口品种类的细分程度直接左右着进口品种类增长程度和贸易利益的估算精确度。以 HS 6 位和 HS 8 位编码数据为例，相对于 HS 8 位编码的贸易数据，基于 HS 6 位编码贸易数据估算的进口品种类增长程度及其福利效应，将引起两大问题。

第一个问题是低估进口品种类的变化程度。对于贸易品的 HS 编码（HS 2/4/6/8），编码数越小，产品分类越概括，归类到同一个编码下的产品就越多，进而产品种类的变化程度刻画得越粗糙。例如，一个 HS 6 位编码产品的进口值为 100 万美元，其中一个 HS 8 位编码产品的进口值为5 万美元，如果此 HS 8 位编码产品的进口品种类增加（消失）了，增加（消失）的进口值为 2 万美元，那么按照 HS 6 位编码计算，新出现（消失）的产品种类占比仅为 0.02，但若按照 HS 8 位编码计算，这个比值为0.4，因此，相对于 HS 8 位编码数据的计算结果，HS 6 位编码数据低估了进口品种类的变化程度。由于进口品种类的消失将提高实际进口价格，而新增加的进口品种类会降低实际进口价格（Feenstra，1994）[9]，所以，低估消失的进口品种类就会低估实际进口价格，反之，低估新增加的进口品种类则会高估实际进口价格。

第二个问题是引起进口品种类变化总福利效应的度量误差。产品种类分类越概括，产品间的替代值就越小（Broda 和 Weinstein，2006）[10]。以 HS 2 位编码的产品为例，第 22 章饮料产品与第 26 章的矿山产品之间几乎是不可替代的，所以它们之间的替代弹性值几乎为 0；而随着 HS 编码逐渐细化到 8 位，产品更为具体，差异化产品之间的替代弹性将上升，所以 HS 6 位编码进口品的差异化种类之间的替代弹性小于 HS 8 位编码产品。偏低的替代弹性值将带来进口品种类变化福利效应的估计偏误，根据公式（4－2）（具体表达式见第四节），它不仅取决于替代弹性值，还取决于表明产品种类变化程度的 λ 比率值是大于1还是小于1①。若 λ 小于1，即新增加的产品种类占比大于消失的产品种类占比，此时产品之间的替代弹性越小，产品种类变化带来实际进口价格与传统进口价格的偏离越小，低估进口品种类变化的福利效应。相反，若 λ 大于1，较低的替代弹性值会带来进口品种类变化的福利效应的高估。

鉴于上述原因，本研究使用2000—2011年中国与240多个国家HS 8位编码双边进口贸易数据，估算了近4236个产品的替代弹性，计算我国进口品多样化程度的变化，分析进口品种类变化对我国实际进口价格指数和以末期GDP占比表示的福利的影响，更为精确、客观地评估我国进口品种类变化的外贸利益。

此外，关于进口品替代弹性值的计算结果，多数文献仅做了总体描述性统计分析，如陈勇兵等（2011）[20]、陈松和刘海云（2013）[21]等，鲜有文献解释其合理性。但替代弹性估计方法和结果的合理性直接关乎最终福利估算结果的有效性，为此，本研究首先对每个产品的国家—时间面板数据，采用Between－group法以及格点搜索法获得替代弹性值，然后依据Rauch（1999）[24]提出的差异化产品与同质产品分类标准解释替代弹性估计值的合理性。

4.3 中国进口品种类变化的特征

根据界定范围的不同，差异化产品种类可以具体到企业生产的品牌产品，也可以是产业，甚至是国家层面生产的产品。当然，细化到企业生产的不同品牌产品能够较精确刻画产品种类数，但是，受数据可获得

① 给定函数 $\pi_g(\cdot) = p_g(\cdot)\lambda^{1/(\sigma-1)}$，有 $d\pi_g/d\sigma = -p_g(\cdot)\lambda^{1/(\sigma-1)}ln\lambda/(\sigma-1)^2$。当 $0<\lambda<1$ 时，由于 $ln\lambda<0$，所以 $d\pi_g/d\sigma>0$；当 $\lambda>1$ 时，由于 $ln\lambda>0$，所以 $d\pi_g/d\sigma<0$。

性的约束，在测算进口品种类变化的福利效应时，学术界经常采用 Armington（1969）[25]提出的分类方法，即以进口品的来源国作为产品差异化的分类标准。例如，对于进口汽车产品，德国汽车与法国汽车是不同的差异化种类，如果从 15 个不同国家进口，那么汽车产品的差异化种类数为 15。实际上，这种分类方法首先将某种进口品的差异化种类在不同生产国家内进行加总，然后进口国以产品的来源国家数作为进口品的差异化种类数。按照这种度量方法，表 4－1 考察 HS 8 位编码贸易数据下我国 2000—2011 年进口品种类的变化状况。

表 4－1　2000—2011 年中国进口品种类变化情况（直接计数法）

项目	年份	HS 8 位编码产品个数	进口来源国数的中位数	进口来源国数的平均数	总的差异化产品种类数	单个差异化产品种类的进口值（千万美元）	在中国进口总额中的占比
2000 年所有产品	2000	6736	13	14	97584	6.65	1.00
2011 年所有产品	2011	7356	15	19	140156	52.74	1.00
2000 年与 2011 年共有的产品	2000	4875	14	15	75266	5.47	0.64
2000 年与 2011 年共有的产品	2011	4875	18	21	103703	35.58	0.50
2000 年有而 2011 年没有的产品	2000	1861	9	12	22318	10.61	0.36
2011 年有而 2000 年没有的产品	2011	2481	10	15	36453	101.56	0.50

资料来源：根据海关数据计算分析所得。

根据表 4－1，2000—2011 年，我国进口的 HS 8 位编码产品个数从 6736 个增加到 7356 个，两期共有的产品数为 4875 个，相比较于 2000 年，2011 年我国进口中消失的 HS 8 位编码产品个数为 1861 个，新增的为 2481 个。进一步地，对每个 HS 8 位编码产品按照产品—国家来源进行配对，得到此期间总的差异化产品种类的变化情况（表 4－1 的第 6 列）。2000—2011 年，我国进口品种类从 97584 种增加到 140156 种，增长了 43.6%。相对于 2000 年，2011 年中国总进口中消失的差异化产品种类总数为 22318 个，占 2000 年中国进口总额的 36%；新增加的产品种类总数为36453个，占2011年中国进口总额的50%，这一研究结论显示基于HS 6位编码的研究结论大大地低估了我国进口品种类的变化。

根据λ比率（具体表达式见第四节公式（4-2）），进口品种类变化程度不仅取决于进口品种类的个数（I_g，I_{gt-1}，I_{gt}），还取决于单个进口品种类的进口额（$p_{gct}x_{gct}$）。若只有进口品种类增加，而单个进口品种类的进口额没有变化，进口品种类的变化程度非常有限，由此，进口品种类变化的贸易利益也非常小。基于此，表4-1的第7列进一步报告了2000—2011年我国单个差异化产品种类的进口值的变化。可以看出，相比较于2000年，2011年我国单个差异化产品种类的进口值从6.65千万美元增加到52.74千万美元。因此，我国进口品种类的增长是沿着有利于提高进口贸易利益的路径进行的。

用2011年新增加的产品种类减去消失的产品种类，得到相比于2000年，2011年进口品的差异化种类数净增加了14135个，为2011年产品种类数的10.1%。其原因可能是进口产品数的增加，也可能是进口来源国家数的增加，或者是二者兼有。我国进口来源国的平均数从2000年的14个增加到2011年的19个，增长了35.7%，而产品数则从6736个增加到7356个，增长9.2%，所以，进口地理方向的多元化是我国进口品差异化种类增加的主要影响因素。

为进一步解释我国进口品种类增长的国别来源特征，表4-2给出2000年在我国进口品种类中排在前30位的国家或地区，以及2011年排序的变化。总体来看，我国进口品种类的变化有三个特征。

4.3.1 进口品种类来源国（地区）较集中

2000年，仅从30个国家或地区进口的差异化产品种类数占我国总进口种类数的71%；我国进口品种类来源最多的五个国家或地区是美国、日本、中国台湾、韩国和德国，从这5个国家或地区进口的产品种类数在我国总进口种类数中的占比在2000年高达19.6%，近1/5，2011年这一比例略有下降，但仍为12.8%。

4.3.2 进口地理方向多元化程度不断加深

一方面，进口品种类排在前 30 的国家或地区在我国总进口品种类中的占比从 2000 年的 71% 下降到 2011 年的 54%，而且，在这 30 个国家或地区中，大部分国家或地区在进口品种类中的占比均呈下降趋势；然而，从 2000 年到 2011 年，原先不重要的国家在进口品种类中的重要性却提高了，比如，印度从 2000 年的 25 位上升到 2011 年的 12 位，进口种类占比增加 0.92%，是我国进口品种类增长最快的国家。另一方面，从这 30 个国家或地区的进口额在我国进口总额中的占比从 2000 年的 71% 下降到 2011 年 44%。综合这两方面，说明我国进口地理方向多元化程度不断加深，这不仅增加我国在国际贸易谈判桌上的谈判筹码，有效解决与贸易伙伴间发生的贸易摩擦，还可以避免进口规模增长引起的进口价格上升，增加我国的进口外贸利益。

4.3.3 按进口品种类与按进口额划分的外贸地理方向变化不一致

2000—2011 年，按在进口品种类中的占比排序，美国在我国进口中的重要性从第 2 位上升到第 1 位，但从美国进口额在我国进口总额中的占比却从 3.32% 下降到 1.94%。德国在我国进口品种类中的重要性从 2000 年的第 6 位上升到 2011 年的第 3 位，然而德国在我国进口总额中的占比却从 3.15% 下降到 1.72%。因此，仅以国别进口额占比分析我国进口地理方向的变化，并不能真实反映贸易伙伴国在我国进口中的重要性以及对我国进口贸易利益的影响，应该将国别进口品种类占比变化和进口额占比变化二者相结合。

表 4－2　2000—2011 年按进口品种类分各国（或地区）在我国进口中的排序

国家（地区）	A		B	C	D	
	2000 年	2011 年	2011 年		2000 年	2011 年
日本	1	2	4.22	－1.57	3.12	1.80
美国	2	1	4.24	－1.27	3.32	1.94
中国台湾	3	4	3.68	－1.57	3.24	1.55
中国香港	4	14	2.30	－2.69	2.85	1.24
韩国	5	5	3.61	－1.32	2.96	1.79
德国	6	3	3.85	－1.07	3.15	1.72
法国	7	8	3.16	－0.85	2.67	1.44
英国	8	9	3.06	－0.94	2.98	1.71
意大利	9	7	3.31	－0.65	2.52	1.34
中国	10	6	3.37	－0.20	2.46	1.34
新加坡	11	19	2.11	－1.31	2.58	1.36
澳大利亚	12	15	2.21	－0.67	2.60	1.71
荷兰	13	13	2.31	－0.43	2.36	1.35
加拿大	14	16	2.18	－0.53	2.38	1.75
瑞士	15	17	2.14	－0.46	2.13	1.21
泰国	16	10	2.39	－0.16	2.67	1.73
马来西亚	17	20	2.04	－0.46	2.67	1.80
瑞典	18	21	1.92	－0.44	2.04	1.42
比利时	19	18	2.13	－0.20	2.12	1.31
西班牙	20	11	2.39	0.11	2.58	1.36
印度尼西亚	21	22	1.82	－0.23	2.36	1.68
丹麦	22	24	1.70	－0.16	1.70	1.11
奥地利	23	23	1.78	0.10	1.79	1.18
芬兰	24	28	1.33	－0.24	1.81	1.35
印度	25	12	2.33	0.92	1.79	1.51
菲律宾	26	32	1.12	－0.08	1.80	1.46
挪威	27	34	1.02	－0.05	1.54	1.16
以色列	28	33	1.05	0.07	1.40	1.03
巴西	29	30	1.28	0.31	1.64	1.55

续表

国家（地区）	A		B	C	D	
	2000 年	2011 年	2011 年		2000 年	2011 年
俄罗斯联邦	30	38	0.93	-0.04	1.80	1.53
总和	—	—	70.98	—	71.03	44.43

注：①“中国从中国自身的进口”是由于中国出口加工区以及保税区政策，国内生产型企业把货物出口到出口物流园区或出口加工区，国内企业从出口物流园区进口这些货物，即为“中国从中国自身的进口”。

②A：按进口品种类数的排序；B：在进口品种类中的占比（%）；C：在进口品种类中占比的变化；D：在中国进口总额中的占比（%）。

资料来源：根据海关数据计算分析所得。

4.4 实证模型

基于 CES 成本函数，Diewert（1976）[17]、Sato（1976）[18]和 Vartia（1976）[19]将产品 g 的传统进口价格指数 P_g定义为：

$$P_g(p_{gct},p_{gct-1},x_{gct},x_{gct-1},I_g) = \prod_{c\in I_g}\left(\frac{p_{gct}}{p_{gct-1}}\right)^{w_{gct}} \tag{4-1}$$

即产品 g 的进口价格依赖于其差异化种类的进口价格和进口量，可写成在不变的产品种类集 I_g下，差异化种类进口价格的加权平均值。其中，p_{gct} 表示第 t 期从国家 c 进口的产品 g 的价格，x_{gct} 表示第 t 期从国家 c 进口的产品 g 的数量。$s_{gct} = \dfrac{p_{gct}x_{gct}}{\sum_{c\in C_g} p_{gct}x_{gct}}$ 是 t 期从国家 c 进口的产品 g 占产品 g 进口总额的比例，s_{gct} 对应的理想对数加权平均值为 $w_{gct} = \dfrac{s_{gct}-s_{gct-1}}{\ln s_{gct}-\ln s_{gct-1}} \Big/ \sum_{g\in I_g}\left(\dfrac{s_{gct}-s_{gct-1}}{\ln s_{gct}-\ln s_{gct-1}}\right)$。

现实中，产品种类集 I_g从 $t-1$ 期到 t 期将发生变化，$I_{gt-1}\neq I_{gt}$，$I_g\in I_{gt-1}\cap I_{gt}$，$I_g\neq\Phi$。据此，Feenstra（1994）[11]把传统进口价格指数 P_g的表达式（4-1）修正为包括产品种类变化的实际进口价格指数 π_g。

$$\pi_g(p_{gct},p_{gct-1},x_{gct},x_{gct-1},I_g) = P_g(p_{gct},p_{gct-1},x_{gct},x_{gct-1},I_g)\left[\frac{\lambda_{gt}}{\lambda_{gt-1}}\right]^{\frac{1}{\sigma_g-1}} \tag{4-2}$$

其中 $(\lambda_{gt}/\lambda_{gt-1})^{1/(\sigma_g-1)}$ 度量产品种类变化引起的实际进口价格指数偏离传统进口价格指数的程度，σ_g表示产品 g 的差异化种类之间的替代弹性；$\lambda_{gt}/\lambda_{gt-1}$ 为 λ 比率，表明差异化产品种类的变化程度：λ_{gt}和 λ_{gt-1}分别表示两期共有产品种类的进口额占 t 期和 $t-1$ 期产品 g 的总进口额比重。

$$\lambda_{gt} = \frac{\sum_{c\in I_g} p_{gct}x_{gct}}{\sum_{c\in I_{gt}} p_{gct}x_{gct}},\ \lambda_{gt-1} = \frac{\sum_{c\in I_g} p_{gct-1}x_{gct-1}}{\sum_{c\in I_{gt-1}} p_{gct-1}x_{gct-1}}$$

换言之，

$\lambda_{gt}=1-$ ［t 期较 $t-1$ 期新出现的产品种类支出］$/t$ 期产品 g 所有种类的支出

$\lambda_{gt-1}=1-$ ［$t-1$ 期较 t 期消失产品种类支出］$/t-1$ 期产品 g 所有种类的支出

若 t 期新出现的进口品种类支出增加，λ_{gt}变小，实际进口价格指数将小于传统进口价格指数，t 期新出现的进口品种类使传统进口价格指数高估实际进口价格指数；若 $t-1$ 期较 t 期消失进口品种类的支出增加，λ_{gt-1}变小，实际进口价格指数将大于传统进口价格指数，t 期消失的进口品种类导致传统进口价格指数低估实际进口价格指数。这样，新增加的进口品种类降低实际进口价格，而消失的进口品种类提高实际进口价格。若新增加的进口品种类大于消失的进口品种类，总的进口品种类数是增加的，即进口品多样化降低实际进口价格，反之，则会提高实际进口价格。因此，要想综合考虑两期产品种类的变化对价格的影响，必须将消失的进口品种类与新增加的进口品种类同时纳入实际进口价格指标中。

基于 Feenstra（1994）[9] 的单个产品实际进口价格指数，Broda 和 Weinstein（2006）[10] 提出一个经济体由于忽略进口品种类变化引起的实

际总进口价格度量误差表示为①，

$$EPR = \frac{\Pi^M}{CIPI} = \prod_{g \in G} \left(\frac{\lambda_{gt}}{\lambda_{gt-1}} \right)^{\frac{w_{gt}(G)}{\sigma_g - 1}} \tag{4-3}$$

其中，Π^M 是包括进口品种类变化的实际总进口价格指数，$CIPI = \prod_{g \in G} P_g^{\ w_{gt}}$ 是没有包括进口品种类变化的传统进口价格指数，w_{gt} 是估计出替代弹性值的每个进口品种类的进口额在其总进口额中占比的理想对数加权平均值。实际进口价格指数与传统进口价格指数的比值表示由忽略产品种类变化带来的实际总进口价格度量误差，这一比率也称作终点比率（End - Point Ratio，EPR）。EPR 小于 1 表示实际进口价格指数低于传统进口价格指数，进口品种类增长降低了进口价格水平，提高进口国的福利。

假定中国经济符合 Krugman（1980）的理论框架②，一国从进口品

---

① （4-3）式假定所有的进口品种类都通过对消费者效用产生影响，从而影响进口价格。这会带来一定的估计误差，成为这种方法的一个弊端。（i）若是资本品，由于它会带来新的国内产品种类，这会低估产品种类的福利效应。（ii）一国进口中间品多样化的贸易利得包括静态和动态贸易利益（Goldberg 等，2010）[4]，前者是指进口本国不能生产的包含新知识及技术的中间品提高进口国的劳动生产率（Feenstra 和 Markusen，1992）[5]，后者是指进口新的中间品降低国内创新成本，以提高产品创新（Grossman 和 Helpman，1991）[6]，如果中间品多样化仅产生了静态贸易利益，不会影响估计结果。而若产生了动态贸易利益，就会产生与资本品一样的问题。但若按照 BEC 分类标准，所有的进口品只被分为消费品、中间品和资本品三类则不能将产品种类的多样化程度真正量化，从而无法正确量化产品种类的福利效应。所以相比之下，（4-3）式的做法更可取。

② 将进口品种类的福利效应量化为具体量，还需一定的假设。因为：①为了保证福利效应估算的准确性，进口品种类和国产品种类之间不能有相互影响；②由于所有的产品都被假定为最终消费品，所有进口品种类增长的福利效应表现为进口品种类增长，降低了实际进口价格，带来的消费者效用增加。但消费者效用很难量化，需要基于消费者效用函数的假定来实现。对上述两点要求，Krugman（1980）的理论框架符合：①Krugman（1980）中假定的生产函数形式为 $L = \alpha + \beta X$，β 为常数，它表示生产的边际成本固定，进口品种类和国产品种类之间没有相互影响。②根据 Krugman（1980）的效用函数，$\max U = [\sum_{i=1}^{N} c_i^{\theta}]^{1/\theta}$，$s.t.\ \sum_{i=1}^{N} p_i c_i = I$，约束优化求解，并假定 $P \equiv [\sum_{j=1}^{N} p_j^{\varepsilon}]^{1/(1-\varepsilon)}$，$\varepsilon = 1/(1-\theta)$，得到 $U = IP^{\varepsilon-1}[\sum_{i=1}^{N} p_i^{1-\varepsilon}]^{-\varepsilon/(1-\varepsilon)} = IP^{\varepsilon-1}P^{-\varepsilon} = I/P$。据此，假定有 $t-1$、t 两期，期末由于产品种类增加带来的价格 P 下降（$\Delta \ln P$）（价格下降比例等于本研究（4-4）式中的 $\frac{\Pi^n}{\Pi'} - 1$）带来的效用增加（$\Delta \ln U$），可以用期末与价格 P 下降同比例的消费者收入增加（$\Delta \ln I$）来补偿，$\Delta \ln I$ 表示消费者为获得更多的期末产品种类愿意支付的收入比例。

种类增长中获得的贸易利得具体量化为 GFV（Mohler，2009）[26]：消费者为获得更多的期末的产品种类愿意支付的收入比例，用 GDP 来衡量消费者收入，进口品种类增长的福利效应具体化为期末 GDP 的占比。

$$GFV = \frac{\Pi^n}{\Pi^r} - 1 = \left(\frac{1}{EPR}\right)^{W_t^M} - 1 \tag{4-4}$$

其中 Π^n 、Π^r 分别是（没有）包括产品种类变化的总消费价格指数，总消费价格指数可以表示为 $\Pi = \left(\frac{p_t^D}{p_{t-1}^D}\right)^{W_t^D}(\Pi^M)^{W_t^M}$，其中 p_{t-1}^D 和 p_t^D 是两期国产品价格指数，W_t^D 是国产品在总消费中占比的对数变化权重，W_t^M 是进口品在总消费中占比的对数变化权重。

根据上述分析，在测算一国进口品多样化的福利效应时，要执行以下 4 个步骤：首先，估计每个进口品差异化种类之间的替代弹性；其次，基于替代弹性的估计，计算进口品多样化程度；然后，量化进口品种类变化带来的实际总进口价格指数度量误差；最后，估算以末期 GDP 占比表示的福利效应。其中，第一步既是实证分析起点，亦是重点和难点。

为了避免供给方程和需求方程存在共生性问题，同时降低单位产品价值度量价格引起的度量误差，借鉴 Leamer（1981）[11] 和 Kemp（1962）[12] 提出的进口品需求和供给的简化方程，利用 HS 8 位编码的时间—国家进口贸易面板数据，沿着 Feenstra（1994）[9] 研究思路，估计每个进口品的差异化种类间的替代弹性，其具体估计方程为：

$$Y_{gct} = \theta_{1g} X_{1gct} + \theta_{2g} X_{2gct} + u_{gct} \tag{4-5}$$

其中，

$$Y_{gct} = (\Delta \ln p_{gct} - \Delta \ln p_{gkt})^2 \tag{4-6}$$

$$X_{1gct} = (\Delta \ln s_{gct} - \Delta \ln s_{gkt})^2 \tag{4-7}$$

$$X_{2gct} = (\Delta \ln p_{gct} - \Delta \ln p_{gkt})(\Delta \ln s_{gct} - \Delta \ln s_{gkt}) \tag{4-8}$$

$$u_{gct} = \varepsilon_{gct}\delta_{gct}/[(1-\rho_g)(\sigma_g - 1)] \tag{4-9}$$

$$\theta_{1g} = \rho_g / [(1-\rho_g)(\sigma_g - 1)^2] \tag{4-10}$$

$$\theta_{2g} = (2\rho_g - 1)/[(1-\rho_g)(\sigma_g - 1)] \tag{4-11}$$

在（4－6）～（4－8）式中，Δ 表示对变量取差分。$\Delta \ln s_{gct} = \varphi_t - (\sigma_g - 1)\Delta \ln p_{gct} + \varepsilon_{gct}$ 是国家 c 对进口品 g 的需求方程，$\Delta \ln p_{gct} = \psi_t + \rho_g \varepsilon_{gct}/(\sigma_g - 1) + \delta_{gct}$，$0 \leqslant \rho_g < 1$ 是简化的进口品 g 的供给方程，为消除供给和需求方程中的随机效应 φ_t 和 ψ_t，选择国家 k 作为参照国进行差分，得到误差项：

$$\bar{\varepsilon}_{gct} = (\Delta \ln s_{gct} - \Delta \ln s_{gkt}) + (\sigma_g - 1)(\Delta \ln p_{gct} - \Delta \ln p_{gkt})$$

$$\bar{\delta}_{gct} = (1-\rho_g)(\Delta \ln p_{gct} - \Delta \ln p_{gkt}) - \frac{\rho_g}{(\sigma_g - 1)}(\Delta \ln s_{gct} - \Delta \ln s_{gkt}),$$

将误差项 $\bar{\varepsilon}_{gct}$ 和 $\bar{\delta}_{gct}$ 相乘，并除以 $(1-\rho_g)(\sigma_g - 1)$，整理后得到方程（4－5）。

根据需求方程，ε_{gct} 是随机误差项，由进口品种类或质量变化所引起的进口需求变化，所以 $\varepsilon_{gct}/(\sigma_g - 1)$ 是国家 c 的产品需求偏好参数变化带来的需求变动，带来均衡进口价格的变化量为 $\rho_g \varepsilon_{gct}/(\sigma_g - 1)$，所以 ρ_g 的经济学含义是需求变动与均衡进口价格变动之间的相关系数。σ_g 是产品 g 的差异化产品种类之间的替代弹性值，可以通过方程（4－10）和（4－11）获得 σ_g 的一致估计量，前提是由方程（4－5）得到 θ_{1g} 和 θ_{2g} 的一致估计量。

ε_{gct} 和 δ_{gct} 分别是进口品需求和供给的随机误差项，它们与 s_{gct} 和 p_{gct} 相关，注意到 X_{1gct} 和 X_{2gct} 也与 s_{gct} 和 p_{gct} 相关，由（4－9）式可知：（4－4）式中的 u_{gct} 与 X_{1gct} 和 X_{2gct} 都相关。因此，必须处理 u_{gct} 与（X_{1gct}，X_{2gct}）之间的相关性问题，以及用单位进口品价值表示进口品价格产生的度量误差问题。具体的解决方法是对方程（4－5）均值进行估计，然后再增加常数项 a。即：

$$\bar{Y}_{gct} = a + \theta_{1g}\bar{X}_{1gct} + \theta_{2g}\bar{X}_{2gct} + \bar{u}_{gct} \tag{4-12}$$

在方程（4－12）中，由于 $E[\bar{X}_{1g}\bar{u}_g] = 0$，$E[\bar{X}_{2g}\bar{u}_g] = 0$，所以 u_{gct}

与（X_{1gct}，X_{2gct}）之间的相关性被消除；常数项 a 的引入，可以消除产品价值表示产品价格产生的度量误差问题（Feenstra，1994）[9]。这样，当 θ_{1g}和 θ_{2g}的值存在时，对（4－12）式进行 Between－group 估计即可获得 θ_{1g}和 θ_{2g}的一致估计量；当 $\bar{X}_{1gct}$ 和 $\bar{X}_{2gct}$ 渐近共线时，θ_{1g}和 θ_{2g}的估计量则不可获得，但只要 $\bar{u}_{1gct}$ 的方差随着国家 c 的不同而不同，渐近共线的情形则不会发生，因此 $\bar{X}_{1gct}$ 和 $\bar{X}_{2gct}$ 渐近共线发生的概率几乎为零。

在实证估算过程中，通过使用各国对中国进口供给的时间序列数据，获得弹性估计值的双曲线，进而将所有国家的面板数据聚集到一起，获得多个双曲线，这可能产生估计值的多重性和猜测性问题，表现为方程（4－10）中 σ_g的平方项。对于估计值的多重性问题，可以通过约束条件 $\sigma_g>1$ 和 $0\leqslant\rho_g<1$ 来解决（Feenstra，1994）[9]；对于估计值的猜测性问题，Broda 和 Weinstein（2006）[10]提供了如下识别条件：

a）若 $\theta_{1g}>0$ 和 $\theta_{2g}>0$，那么 $\sigma_g=1+\dfrac{2\rho_g-1}{\theta_{2g}(1-\rho_g)}$，$\rho_g=\dfrac{1}{2}+\left(\dfrac{1}{4}-\dfrac{1}{4+\theta_{2g}/\theta_{1g}}\right)^{1/2}$；

b）若 $\theta_{1g}>0$ 和 $\theta_{2g}<0$，那么 $\sigma_g=1+\dfrac{2\rho_g-1}{\theta_{2g}(1-\rho_g)}$，$\rho_g=\dfrac{1}{2}-\left(\dfrac{1}{4}-\dfrac{1}{4+\theta_{2g}/\theta_{1g}}\right)^{1/2}$；

c）若 $\theta_{1g}<0$，不能获得同时满足条件 $\sigma_g>1$ 和 $0\leqslant\rho_g<1$ 的估计值。

对于情形 c），（Feenstra，1994）[9]的解决方案是：若 $-\theta_{2g}{}^2/4<\theta_{1g}$，仍能获得估计值 $\sigma_g>1$；若 $\theta_{1g}<-\theta_{2g}{}^2/4$，只能获得 σ_g和 ρ_g的猜测值。而 Broda 和 Weinstein（2006）[10]则是通过最大化（4－12）式的似然方程，搜索加权残差和最小且满足条件 $\sigma_g>1$ 和 $0\leqslant\rho_g<1$ 的估计值。在数据处理的过程中，本研究采用这些方法解决了替代弹性估计值的多重

性和猜测性问题。

4.5 实证结果

4.5.1 数据来源及处理

表 4-3 2000—2011 年中国 HS 8 位编码进口产品数

年份	2000	2001	2002	2003	2004	2005	2006	2007	2008	2009	2010	2011
产品数	6736	6749	6870	6966	6970	7052	7109	7116	7187	7231	7314	7356

本研究的数据基础是中国海关 2000—2011 年 HS 8 位编码的中国进口国别（地区）数据，涉及中国从 240 多个国家或地区的进口贸易，共包含 9827 个产品，每年包含的产品数见表 4-3。足够细分的产品种类和广泛的产品范围，使得实证结果能够较精确刻画出进口品多样化对我国进口贸易利益的影响。

4.5.2 单个进口品差异化种类间替代弹性的估计结果

4.5.2.1 数据处理

为估计我国单个进口品种类间的替代弹性值，对数据做了如下处理：

第 1 步，对于每年、每个 HS 8 位编码的产品，按照国别进行进口量和进口金额的加总，计算进口价格和进口份额，获得价格和进口份额的时间—国家面板数据。具体计算公式为：

$$p_{gct} = \frac{V_{gct}}{q_{gct}}, \; s_{gct} = \frac{V_{gct}}{\sum_c V_{gct}}$$

其中，V_{gct}和 q_{gct}分别表示中国在 t 年从国家 c 进口产品 g 的支出金额和数量。p_{gct}表示中国从国家 c 进口产品 g 的单位产品价值，这里用它来表示价格；s_{gct}表示中国从国家 c 进口产品 g 的进口额占中国进口产品 g 总额的比例。

第2步，对每个HS 8位编码的进口品，寻找参照国。参照国的选择标准为：在2000—2011年中国均从其有进口的国家。在本研究的数据样本内，存在参照国的产品共有4263个，由于各年的HS 8位编码产品总数均在7000个左右（见表4-3），所以最终选中的产品达到了样本总数的近60；而且，各年被删除的2800个左右产品主要是HS编码进口品中的初级产品，这些产品的特点是差异性小，进口品种类变化对实际进口价格的影响小，删除这些产品对分析进口品种类变化的贸易利益影响小，因此，本研究选取的样本数据所获得的实证结论具有充分的说服力。

第3步，对第2步中的4263个产品，采用Between-Group法估计θ_{1g}和θ_{2g}，得到：

（a）满足$\theta_{1g}>0$且$\theta_{2g}>0$的产品有1372个；

（b）满足$\theta_{1g}>0$且$\theta_{2g}<0$的产品有1015个；

（c）满足$\theta_{1g}<0$的产品有1849个；

（d）满足$\theta_{1g}=0$的产品有4个；

（e）满足$\theta_{1g}>0$且$\theta_{2g}=0$的产品有11个；

（f）无法估计的产品有12个。

对于情况（c），重新采用格点搜索法，限定σ_g的取值在［1.1，131.5］之间（步长为0.5），ρ_g的取值在［0，1）之间（步长为0.01），重新估计；根据（a）、（b）和（c）估计的结果，共计算1372+1015+1849=4236个σ_g样本。

4.5.2.2 进口差异化产品替代弹性的估计结果分析

根据表4-4，2000—2011年我国差异化产品替代弹性值总体介于区间［1.1，20606.2］，满足替代弹性值必须大于1的要求。在4236个替代弹性估计值中，99%的样本都落在区间［1.1，131.1］，替代弹性值的平均值为43.1，中位数为7.6，替代弹性估计值总体呈现右偏分布，平均值高于中位数（见图4-1），为验证替代弹性均值与中位数关系的稳定性，先去除了4个最大的观测值，即5000以上的替代弹性值，发现替代弹性的平均值从 43.1 下降到 33.9，但中位数没有变化，仍为 7.6；之后进一步去除了 500 以上的 7 个替代弹性值，以及 1% 的最大替代弹性值，发现均值与中位数变化仍然不大，较为稳定，均值略大于 30，中位数略大于 7。对比（5）（6）两列的数据，基于 HS 6 位编码的研究结论，低估了差异化进口品种类之间的替代弹性值。

表 4-4 中国进口差异化产品种类替代弹性值的对比分析

分位数	(1)	(2)	(3)	(4)	(5)	(6)
10	2.47	2.47	2.47	2.47	—	2.18
50（中位数）	7.6	7.6	7.58	7.39	3.65	4.58
90	104.1	103.6	103.1	101.1	—	25.98
均值	43.1	33.9	32.7	31.91	—	—
最小值	1.1	1.1	1.1	1.1	—	—
最大值	20606.2	1125.3	329.6	131.1	—	—
观测值个数	4236	4232	4225	4204	4547	3274
本研究结果（HS 8 位编码）2000—2011 年					陈勇兵等（2011）[20] 1995—2004 年	陈松和刘海云（2013）[21] 2002—2010 年

注：第（1）列是对本研究估计出的所有替代弹性值的描述性统计分析；第(2)～(4)列的结果是分别去除了替代弹性估计值为 5000 以上、500 以上以及 1 的最大观测值。

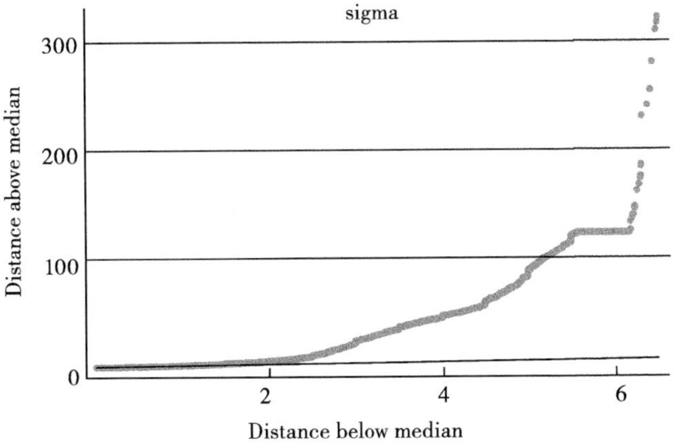

图 4-1 替代弹性估计值的分布图

进口品价格和种类在进口贸易利益估算中的相对重要性依赖于产品的替代弹性值。替代弹性对产品的实际价格影响表现为：当 σ_g 超过一定临界值后，差异化产品种类的变化对实际价格的影响就越小；极端的情况是当 $\sigma_g \to +\infty$，$(\lambda_{gt}/\lambda_{gt-1})^{1/(\sigma_g-1)} \to 1$，即在完全竞争市场中，所有产品是同质的，没有种类之分，实际价格等于传统价格。具体地，若差异化产品种类的替代弹性值大于10，那么进口品主要是通过价格而不是种类对一国的福利产生影响，即进口品种类增长的福利效应相对较小；若替代弹性值小于10，则进口品种类对福利的影响相对较大，而进口价格起次要作用（Broda 和 Weinstein，2006）[10]。

由于进口品替代弹性值的中位数为7.6，小于10，说明对于超过半数进口品而言，相对于其价格的变化，种类变化对其进口贸易利益影响较大。因此，进口品种类增长是促进进口贸易利益提高不可忽略的因素。但进口品种类替代弹性值的均值为43.1，大于10，表明对我国现有进口贸易总体而言，相对于进口品种类的变化，进口品价格变化对进口贸易利益影响较大，即消费者和企业更为关注进口价格的下降。

所以，我国既不能对所有进口品都利用进口品种类增长来促进进口贸易利益的提高，但又不能忽略进口品种类增长的外贸利益，可以选取部分产品作为进口品种类增长的重点。在 HS 2 位编码下对 HS 8 位编码进行加总，并进一步归类到大类下，得到我国进口品的替代弹性值大于1 小于10 的进口品种类结构（见表4 –5），以了解究竟是哪些产品可以作为我国进口品种类增长的重点。我国进口品中，替代弹性值大于1 小于10 的产品种类总数为2317 个，这些产品主要分布在：化学工业及其相关工业的产品，纺织原料及纺织制品，机电、音像设备及其零件、附件，贱金属及其制品以及塑料及其制品，橡胶及其制品这五大类产品中。在总替代弹性值大于1 小于10 的进口品种类中，这五大类进口品种类占了72%。因此为提高我国进口外贸利益，可以先选择这五类商品，侧重其进口品种类的增长。

表4-5 进口品替代弹性值大于1小于10的产品种类结构（按大类分）

产品	种类数[a]	占比[b]（%）
第二类 植物产品	39	1.7
第三类 动、植物油、脂、蜡；精制食用油脂（千克）	19	0.8
第四类 食品；饮料、酒及醋；烟草及制品	94	4.1
第五类 矿产品	77	3.3
第六类 化学工业及其相关工业的产品	489	21.1
第七类 塑料及其制品；橡胶及其制品	138	6.0
第八类 革、毛皮及制品；箱包；肠线制品	13	0.6
第九类 木及制品；木炭；软木；编结品	20	0.9
第十类 木浆等；废纸；纸、纸板及其制品（千克）	65	2.8
第十一类 纺织原料及纺织制品	385	16.6
第十二类 鞋帽伞等；羽毛品；人造花；人发品	20	0.9
第十三类 矿物材料制品；陶瓷品；玻璃及制品	78	3.4
第十四类 珠宝、贵金属及制品；仿首饰；硬币（千克）	14	0.6
第十五类 贱金属及其制品	310	13.4
第十六类 机电、音像设备及其零件、附件	347	15.0
第十七类 车辆、航空器、船舶及运输设备	42	1.8
第十八类 光学、医疗等仪器；钟表；乐器	92	4.0
第二十类 杂项制品	73	3.2
第二十一类 艺术品、收藏品及古物	2	0.1
总数	2317	100

注：a. 进口品的替代弹性值大于1小于10的进口品种类；b. 在所有进口品的替代弹性值大于1小于10的进口品种类总数中的占比。

理论上，同质性产品之间是可以完全替代的，而差异化产品则不然，所以差异化产品的替代弹性值应小于同质产品的替代弹性值，据此，根据Rauch（1999）[24]在SITC4位编码下的差异化产品、参考价格产品和同质产品的分类标准，表4-6分析了估算的替代弹性值的合理性①，可以看出，无论是基于 conservative 标准还是 liberal 标准，差异化产品的替代弹性平均值均低于同质产品的对应值。

表 4 – 6　基于 Rauch（1999）的替代弹性值对比分析

	差异化产品				同质产品			
	conservative 标准		liberal 标准		conservative 标准		liberal 标准	
	(a)	(b)	(a)	(b)	(a)	(b)	(a)	(b)
平均值	24.90	24.81	25.77	25.76	26.57	26.44	28.46	28.37

4.5.3　进口品多样化程度

根据公式（4 – 2），$\lambda = \lambda_{gt} / \lambda_{gt-1}$表示产品 g 的进口多样化程度。表4 – 7 中，λ_{gt}和 λ_{gt-1}分别为 λ_{2011} 和 λ_{2000}，分别表示记 2011 年和 2000 年共有的产品在各年总支出中的占比。$1-\lambda_{2000}$和 $1-\lambda_{2011}$分别是相对于 2000 年的进口品种类，是 2011 年消失和新增加的进口品种类的占比。依据表 4 – 7，以中位数 0.5 为取值标准，$1-\lambda_{2000}=0.014$，$1-\lambda_{2011}=0.043$，即相对于 2000 年，2011 年消失的和新增加的进口品种类占比分别为 1.4% 和 4.3%，我国 2011 年进口差异化产品种类净增加了1.5 %②，这大大地小于直接计数法的分析结果（2000—2011 年，我国进口品种类净增长程度为 2011 年进口品种类数的 10.1%，表 4 – 1），也仅仅比 HS 6 位编码测度的同期进口品种类变化程度多 0.1 个百分点。究其原因在于，根据 λ 比率的计算公式，如果

① 首先将 HS 8 位编码进口数据归总到 HS 6 位编码框架中，然后，参阅 2008 年的《国际贸易标准分类》修订4，再把归总后 HS 6 位编码数据对应到 SITC 4 位编码框架中，建立 HS 6 位编码下的差异化和同质进口品的 Rauch 分类标准。在编码匹配过程中，当 1 个 HS 6 位码与 2 个或 2 个以上的 SITC 4 位码对应时，同一个 HS 6 位码产品可能既表现为同质产品也表现为差异化产品，对于这种重复计算现象，分别进行统计分析，得到表 4 – 6 中的情形（a）和（b）。此外，在将 HS 8 位编码产品的替代弹性值归类到 HS 6 位编码的 Rauch 分类中时，对于 conservative 标准和 liberal 标准分别有 1354 个和 1343 个 HS 8 位编码产品没有匹配，有效匹配替代弹性值分别为 2882 个和 2893 个，其中参考价格产品对应的估计值分别为 944 个和 1031 个。

② 根据 $1/\lambda-1$ 得到，由于 $1/\lambda-1=[\lambda_{t-1}-\lambda_t]/\lambda_t=[(1-\lambda_t)-(1-\lambda_{t-1})]/\lambda_t$，表示两期净增加的产品种类在 t 期的占比。

一种进口品的种类增加很多，但新增进口品种类在进口中的占比小，进口品种类增长程度很小。所以这一差异性从另一个方面说明，虽然我国进口品种类数增长很大，但由于单个新增进口品种类在总进口中的占比较小，最终使进口品种类的增长程度有限。因此，从进口品种类变化的角度看，随着我国进口规模的不断扩大，进口多样化程度将随之加深，但新增产品种类的进口额限制了我国进口品种类的增长程度。为提高我国进口品多样化程度，需要进一步加大单个新增进口品种类的进口额。

尽管表 4－7 关于我国进口品种类变化的直接计数值与 λ 比率有所差异，但它们从两个不同角度均说明了我国进口品多样化程度在不断加深，这为我国加入 WTO 10 年后的价值判断提供了新的依据：自 2001 年我国加入世界贸易组织后，对外贸易环境得到极大改善，在进口地理方向多元化程度不断加深的同时，进口品多样化程度随之加深，可供我国消费者和企业选择的产品范围也在不断扩大，从产品多样化视角看加入 WTO 提高了我国福利水平。

表 4－7　λ 值的估计结果

	λ_{2000}	λ_{2011}	λ
5	0.435	0.299	0.382
50	0.986	0.957	0.985
95	1.000	1.000	1.719
观测值个数	4236	4236	4236

资料来源：根据实证估计结果统计。

4.5.4　进口品种类增长对实际进口价格的影响及福利效应

根据方程（4－3），基于估计的差异化产品替代弹性 σ_g、进口品种类变化程度 λ 比率和每个产品的进口值占 4236 个产品进口总值的比例的理想对数加权平均值表示 w_{gct}，得到：EPR＝0.985。即在 2000—2011 年间，进口品种类增长引起我国实际进口价格指数比传统进口价格指数累计下降 1.5% [①]，平均每年下降 0.13% 。实际进口价格的下降带来 2000—2011 年由进口品种类增长贸易利得为 2011 年 GDP 的 0.56% ，为获取 2000—2011 年间产品种类的增加，中国消费者愿意支付 0.56% 的 2011 年 GDP。本研究基于 HS 8 位编码研究的进口品种类的福利效应判断，略高于以往基于 HS 6 位编码对此期间进口品种类的贸易利得的研究结论。

4.6 结论及政策建议

S－D－S 分析框架强调了进口品种类的福利效应，新贸易理论据此说明进口品多样性是进口国贸易利益的一个重要来源，也是正确评估一国进口贸易利得不可或缺的重要因素，然而，其估算的精确度与贸易产品种类的细分程度息息相关。为客观认识我国进口品种类变化所带来的贸易利益，在前人研究的基础上，本研究利用 2000—2011 年 HS 8 位编码双边进口贸易数据，通过计算单一进口品差异化种类间的替代弹性和进口品种类变化，估算进口差异化产品种类增长对实际进口价格和福利的影响。较相关文献的估算结果：

第一，对于同角度的研究结论，由于采用更为细分的数据，得到了不同的估算结果。相对于本研究的 HS 8 位编码的研究结论，现有基于 HS 6 位编码研究结论：

一是低估了我国进口品种类的变化。首先，我国进口品种类变化的直接计数分析结果显示，相对于 2000 年，2011 年中国进口中消失的差异化产品种类总数为 22318 个，占 2000 年中国进口总额的 36%；新增加的产品种类总数为 36453 个，占 2011 年中国进口总额的 50% 。相对于 2000 年，我国 2011 年进口品的差异化种类数净增加了 10.1%；其

① $1-EPR=1-\prod^{M}/CIPI=(CIPI-\prod^{M})/CIPI$，说明 $1-EPR$ 表示相比较于传统进口价格指数，实际进口价格指数下降的百分比。

次，根据进口品种类变化程度的 λ 比率计算结果显示，相比较于 2000 年，2011 年我国进口中消失的差异化产品种类占比为 1.4%，而新增加的差异化产品种类占比为 4.3%，我国进口差异化产品种类净增长了 1.5%，略高于陈松和刘海云（2013）[21] 1.4% 的结论。

二是低估单一产品的差异化种类间的替代弹性值和进口品种类增长的福利效应。本研究基于 HS 8 位编码估计出的替代弹性值的中位数为 7.6，超过基于 HS 6 位编码估计出的替代弹性中位数。这是由于产品分类越细化，产品之间替代程度越容易，即替代弹性越大。而替代弹性和 λ 比率共同决定进口品种类增长带来的实际进口价格对传统进口价格偏离程度及其福利水平估算偏误。由于我国新增加的产品种类占比超过消失的产品种类占比，带来 λ 比率小于 1，此时，偏低的替代弹性值会低估进口品种类变化的福利效应。本研究估计结果显示，2000—2011 年我国实际进口价格指数的下降使得实际产出增长约为 2011 年 GDP 的 0.56%，高于以往基于 HS 6 位编码的估算结果。

第二，基于不同研究视角，得到以往研究中没有的结论：

一是根据本研究的估算结果，2000—2011 年间，我国进口差异化产品的替代弹性总体平均值为 43.1。由于当替代弹性值超过 10 时，进口贸易利益主要取决于进口价格的变化，而进口品种类变化的作用较小。因此，对于我国现阶段进口贸易利益总体而言，进口品种类增加的作用要小于进口品价格下降的作用。但另一方面我国进口品替代弹性中位数为 7.6，小于 10，则说明在我国进口中超过一半的进口产品，其进口贸易利益主要依赖产品种类增加，所以重视进口品种类增长对我国获得更多的进口外贸利益具有不可忽视的作用。因此，我国既不能对所有产品都利用进口品种类增长来促进进口贸易利益的提高，但又不能忽略进口品种类增长的外贸利益。

二是按照进口品种类占比得到的进口品种类的变化程度小于对进口品种类的直接计数得到结果，这是由于进口品种类增长的福利效应是进口品种类数和单个新增进口品种类的贸易额综合作用的结果。为提高我国进口品多样化程度，需要进一步加大单个新增进口品种类的进口额。

上述研究结论对我国提高进口贸易利益具有重要的政策涵义。

首先，虽然超过半数的进口差异化产品种类的替代弹性值小于10，但进口品总体的替代弹性值的平均数为43.6，这说明对所有的进口品都重视种类的增长，并不能有效提高进口规模增长的整体外贸利益，可行的做法是选择部分产品作为进口品种类增长的重点。通过对替代弹性值介于［1，10］区间的产品种类结构进行分析，选取化学工业及其相关工业的产品，纺织原料及纺织制品，机电、音像设备及其零件、附件，贱金属及其制品以及塑料及其制品，橡胶及其制品这五大类产品。

其次，消失的进口品种类提高进口价格水平，而新增加的进口品种类降低进口价格水平。所以要实现利用进口品种类降低进口价格，获取进口品种类增长的贸易利益，必须依赖于新的进口品种类不断增长，这可以通过开拓新的进口市场或进口新产品来增加进口品种类。开拓新的进口市场要求我国积极融入全球多边和双边贸易体系，降低进口贸易壁垒，加快我国贸易自由化进程。为实现新产品的积极引进，一方面意味着要提高中国企业自身的创新能力，促进他们对国外新产品的引进；另一方面要求中国深化改革，打破垄断，促进新的产业领域的开放。

5　国产品种类、进口品种类与中国进口贸易利得

5.1　引言

对一国经济增长而言，进口贸易的作用就像一把“双刃剑”。通过进口，一国可以进口本国不能生产的产品、原料和中间投入品、技术，填补国内空缺，促进国内经济的增长；而当进口了本国可以生产的产品时，进口又会对国内与进口相竞争的产品的市场份额以及发展产生影响。因此在估算一国进口种类的增长贸易利益时，如果忽略同一产品的差异化的进口品种类和国产品种类之间的替代关系，就会引起进口品种类增长贸易利得高估。

进口品种类对国内产品种类的替代程度，取决于国内产品种类的优势，如果优势较大，进口品种类对国内产品种类的替代作用小，从而进口品种类的增长对国内产品种类的降低作用小，忽略进口品种类与国产品种类的替代关系带来的估算偏误小。相反，如果国内产品种类的劳动生产率低，那么进口品种类增长就会带来国内产品种类的大规模下降，导致很大的进口品种类增长的估算偏误。在 Broda 和 Weinstein（2006）的研究基础上，Adrelean 和 Lugovskyy（2010）以国内产品的劳动生产率量化国产品种类的优势，将劳动生产率纳入 CES 模型框架，建立理论模型分析了国产品种类和进口品种类之间替代关系存在性的理论和实证模型，并依据美国的进口数据，量化了 BW（2006）由于忽略进口品种类和国产品种类相互替代关系产生产业层面的进口品种类估算偏误。

本节采用中国海关2000—2011年中国与200多个国家和地区HS 8位编码进口国别数据，首先建立实证模型分析国内劳动生产率、贸易成本对进口广义边际指数的影响，依据回归系数得出我国进口品种类和国产品种类之间存在替代关系，估算了投入产出表中17个制造业部门的进口品种类和国产品种类之间的替代弹性值，最终得到各个产业由于忽略二者之间的替代关系而产生的估算总偏误，并将总偏误分解成由于国内产业劳动生产变化和贸易成本变化各自产生的估计偏误。

5.2 文献回顾

评价一国的进口品种类增长的贸易利益时，重视进口品种类增长与国内市场的作用，在理论模型中早已得到了重视。如Melitz（2003）开创的异质性企业模型，首次将企业的劳动生产率差异纳入Krugman（1980）水平差异化产品产业内贸易模型中，说明开放会对国内的企业产生“优胜劣汰”的作用，提高一国的平均生产率水平，而退出市场的企业会带来国产品种类的降低。Melitz和Ottaviano（2008）、Feenstra（2009）也都从理论上强调了进口品种类增长的贸易利益估算，要与一国国内企业的劳动生产率相联系。

但在进口品种类增长的贸易利益估算中，为了方便分析，一个常用的做法是假定国产品种类不受进口品种类的影响，Krugman（1980）通常是采用的生产结构框架①，如Broda和Weinstein（2006）、Feenstra（1992）、Romer（1994）以及Klenow和Rogriguez - Clare（1997）在估算进口品多样化的贸易利益时，均采取了此假定。基于Feesstra（1994），估算了中国进口品种类增长的贸易利得。

首先对由于进口品种类和国产品种类的替代关系带来的进口品种类

① Krugman假定生产函数为$L=\alpha+\beta X$，生产的边际成本固定不变，为常数β，使得进口品种类和国产品种类之间没有相互影响。

增长估计偏误进行分析的是 Broda 和 Weinstein（2006）。基于 Helpman 和 Krugman（1985）、Broda 和 Weinstein（2006）基于简短的理论模型，指出如果进口品种类导致国产品种类减少，忽略二者之间的替代关系会高估进口品种类增长的贸易利益。

Blonigen 和 Soderbery（2009）使用美国汽车业细分的国产品和进口品数据，研究了美国汽车业进口品种类和国产品种类的变化，说明对美国汽车业而言，忽略进口品种类和国产品种类之间的相互作用会带来很大的进口品种类贸易利益估算偏误。

Adrelean 和 Lugovskyy（2010）通过将 Armington（1969）和 DS（1977）偏好相结合，假定同一产品的差异化进口品种类和国产品种类之间是替代品，首先从理论上说明一国进口的差异产品种类受国产品的相对劳动生产率和贸易成本的影响，基于此，建立实证模型估算了进口品种类和国产品种类之间替代弹性值，最后基于估算的进口品种类之间的替代弹性值以及进口品种类和国产品种类之间的替代弹性值，实际量化了 Broda 和 Weinstein（2006）由于忽略进口品种类和国产品种类之间的替代弹性产生的估计偏误。

据此，本研究采用 Adrelean 和 Lugovskyy（2010）研究方法，首先分析我国国内产品种类与进口品种类之间是否存在替代关系；其次，研究如果国内产品种类与进口品种类之间存在替代关系，估算国内产品种类和进口品种类之间的替代弹性值；最后，结合 Broda 和 Weinstein（2006）对进口差异化产品种类之间替代弹性估算方法得到的差异化产品种类之间的替代弹性值，以及本研究估算的国内产品种类和进口产异化产品种类之间的替代弹性值，进一步估算我国从进口品种类增长中的贸易利得。本章除引言和文献回顾外，第 3 部分是理论依据，第 4 部分是实证模型，第 5 部分是对进口品种类和国产品种类替代弹性值的分析说明，第 6 部分是分析加入进口品种类和国产品种类的替代弹性下，我国进口品种类增长的贸易利益的重新估算。

5.3 中国国产品种类和进口品种类之间替代关系的存在性

5.3.1 实证模型

基于 D－S（1977）CES 效用函数，Adrelean 和 Lugovskyy（2010）在 Romer（1994）的基础上，将贸易成本具体化为与特定进口来源国市场相关的固定成本，提出，进口差异化产品种类不仅取决于 Romer（1994）所提出的进出口国国内市场规模（market size）和贸易成本（trade cost），还取决于进口国自身的劳动生产率，进口国和出口国的相对劳动生产率。通过加入劳动生产率指标，建立了国产品种类和进口品种类之间替代关系分析的纽带。理论模型结论显示，如果国内产品种类与进口品种类的替代关系是存在的，那么贸易成本的提高会降低进口品种类，并且随着本国与国外相对劳动生产率的提高，贸易成本的提高对进口品种类增长的降低作用会进一步增强。根据 Adrelean 和 Lugovskyy（2010），我们建立如下的实证模型：

$$\ln IM^{s}_{Chinajt} = \alpha^{s} + \delta \ln GDPP_{jt} + \gamma_1 \ln d_{Chinaj} + \gamma_2 \ln rep^{s}_{Chinat} + \gamma_3 \ln rep^{s}_{Chinajt} + \gamma_4 \ln d_{Chinaj} \times \ln rep^{s}_{Chinajt} + \varepsilon_{Chinajt} \quad (5-1)$$

其中 $IM^{s}_{Chinajt}$ 是 t 时期中国部门 s 从国家 j 进口广义边际，表明中国部门 s 从各个进口来源国进口品种类的变化程度；$GDPP_{jt}$ 是 t 时期，各个进口来源国的人均 GDP；d_{Chinaj} 表示中国从国家 j 进口的贸易成本；rep^{s}_{Chinat} 和 $rep^{s}_{Chinajt}$ 分别表示 t 时期中国部门 s 的劳动生产率以及与国家 j 的相对劳动生产率。交叉项 $d_{Chinaj} \times \ln rep^{s}_{Chinajt}$ 用来验证我国相对于进口来源国劳动生产率的变化，对贸易成本弹性系数的影响，根据理论随着我国相对于进口来源国劳动生产率的提高，贸易成本提高对进口品种类增长的降低作用应该会增加，所以根据理论部分的分析，$d_{Chinaj} \times \ln rep^{s}_{Chinajt}$ 的回归系数应该显著小于 0。

基于实证模型（5－1）式，验证我国产业 s 国产品种类和进口品种类之间替代关系的存在性，就是要验证贸易成本的回归系数是否显著小于0，以及交叉项 $d_{Chinaj} * \ln rep^{s}_{Chinajt}$ 的回归系数是否也显著小于0 。我们用 HS 2 位编码表示产业。

5.3.2 数据来源及处理

5.3.2.1 进口广义边际指标

沿袭 Feenstra（1994）、Hummels 和 Klenow（2004）、Broda 和 Weinstein（2006）关于产品多样化程度的计算指标，我们采用的计算公式如下：

$$IM^{s}_{Chinaj} = \sum_{v \in I_{Chinaj}} M^{s}_{Chinajv} / M^{s}_{ChinaW} \qquad (5-2)$$

（5-2）式表明，t 时期中国部门 s 从国家 j 进口广义边际 IM^{s}_{Chinaj} 等于中国部门 s 所有产品种类从国家 j 的进口额除以其从世界的进口额。计算中我们分别使用 HS 2 位编码的中国从国家 j 的进口总额和从世界的进口额表示中国部门 s 所有产品种类从国家 j 的进口额和从世界的进口额。HS 2 位编码的中国从国家 j 的进口总额数据基于 2000—2011 年中国海关数据计算得到，HS 2 位中国从世界的进口总额来源于 UN Comtrade 数据库。

5.3.2.2 市场规模指标和贸易成本指标

$GDPP_{jt}$ 指标是控制市场规模对进口多样化指标的影响，各国人均 GDP 指标的计算是使用各国按 2005 年不变价格计算的 GDP 除以各国各期的人口总量得到。计算中使用的这两个数据指标来自于 Penn World Table，d_{Chinaj} 指标度量中国从各进口来源国进口的贸易成本。由于国别进口关税数据不可获得，而距离是影响贸易成本的重要因素，因此，我们采用中国与各个进口来源国首都城市之间的距离来表示贸易成本，距离数据来自于 www. indo. com/distance。由此，其回归系数用于验证进口品种类和国产品种类之间的替代关系是否成立。

5.3.2.3 劳动生产率指标

由于无法同时获得200多个进口来源国产业 s 的劳动生产率数据，而根据比较优势理论，一国的劳动生产率与其出口比较优势显著正相关。我们采用HS 2位编码的出口品的显示性比较优势指数RCA指数来度量部门 s 劳动生产率。具体地，

$$rep^{s}_{Chinat} = \frac{X^{s}_{wChina}/X_{wChina}}{X^{s}_{ww}/X_{ww}} \tag{5-3}$$

分子中 X^{s}_{wChina} 表示中国部门 S 对整个世界的的出口总额，X_{wChina} 表示中国对世界的出口总额；分母中 X^{s}_{ww} 表示世界部门 S 出口总额，X_{ww} 表示世界出口总额。

$$rep^{s}_{Chinajt} = \frac{X^{s}_{wChina}/X_{wChina}}{X^{s}_{wj}/X_{wj}} \tag{5-4}$$

分子中的指标含义与（5-3）式中相同。分子中 X^{s}_{wj} 表示国家 j 部门 S 对整个世界的出口总额，X_{wj} 表示国家 j 对世界的出口总额。（5-3）式和（5-4）式计算中所使用的数据均来自于UN Comtrade数据库。

5.3.3 变量的描述性统计分析

5.3.3.1 我国的进口广义边际指数

（1）总体进口广义边际指数指标的计算

我们将中国从各个进口来源国的进口广义边际指数进行加权平均，获得中国进口品总体、产业，以及地区的进口广义边际指数，具体使用的指标为：

$$IM_{Chinaj} = \sum_{v \in I_{Chinaj}} M_{Chinajv}/M_{ChinaW} \tag{5-5}$$

IM_{Chinaj} 是 t 时期从国家 j 进口广义边际，它等于中国所有产品种类从国家 j 的进口额除以其从世界的进口额；其次基于 $IM_{China} = \prod_{J \in M_{-China}} (IM_{Chinaj})^{\alpha_{Chinaj}}$ 计算中国总体的进口广义边际指数，权重 $\alpha_{Chinaj} = \frac{s_{Chinaj}}{\ln s_{Chinaj}} / \sum_{j \in M_{-China}} \frac{s_{Chinaj}}{\ln s_{Chinaj}}$，是一

个对数加权值（*Ideal log* - change），其中 $s_{Chinaj} = \frac{p_{Chinaj}x_{Chinaj}}{\sum_{j \in M_{-China}} p_{Chinaj}x_{Chinaj}}$ 是中国从国家 j 的进口在除中国外的世界其他国家的总进口中的占比。计算结果如表 5 - 1 和表 5 - 2 所示。从表 5 - 1 可以看出，2000—2011 年我国进口广义边际指数经历了先上升后下降的路径，但总体上是上升的。具体来看，进口广义边际指数从 2000 年的 0.068 增加到 2007 年的 0.100，之后下降到 2011 年的 0.077，总体来看我国进口广义边际指数是上升的，这说明我国进口多样化程度是在波动中上升的。

根据 Armington（1969）按产品—进口来源国配对定义的差异化产品种类，进口品种类增加的来源有两个：来自产品个数（表现为 HS 8 位编码产品的个数）的增加或进口来源国数据的增加。表 5 - 1 的后两列数据显示，2000—2011 年，我国进口的国家数从 195 个增加到 210 个，而 HS 8 位编码产品数据从 6736 个增加到 7356 个。

表 5 - 1　2000—2011 年我国进口广义边际指数的变化

年份	IM	国家数	HS 8 位编码产品数
2000	0.068	195	6736
2001	0.066	188	6749
2002	0.070	203	6870
2003	0.070	208	6966
2004	0.067	210	6970
2005	0.064	210	7052
2006	0.061	217	7109
2007	0.100	221	7116
2008	0.090	219	7187
2009	0.088	219	7231
2010	0.088	221	7314
2011	0.077	210	7356

资料来源：根据 2000—2011 年 HS 8 位编码中国海关数据计算。

（2）按洲分我国进口广义边际指数

为了进一步了解我国进口广义边际指数在不同地理方向上的差异，表5－3表明了各洲所包括的国家的进口广义边际指数的均值。横向比较来看，我国进口广义边际最大的是北美洲国家和地区，其次是亚洲、大洋洲、拉丁美洲、欧洲、非洲以及其他国家和地区（不详）。对比亚洲和北美洲，中国从亚洲进口品广义边际指数为0.027，大大地小于从北美洲进口广义边际。究其原因，用进口广义边际指数度量进口品多样化程度的变化，是进口产品种类自身的变化以及单个进口品种类的进口额二者共同其作用的结果，其中进口品种类的度量采用的是国家－进口来源国配对，即，同一个HS 8位编码产品从不同国家进口是不同的产品不同的进口品种类。所以分析我国进口品广义边际呈现的不同进口地理方向上差异，就需要从进口来源国数和单个进口品种类进口额两个因素入手进行分析。

根据表5－1来看，2000—2011年中国从亚洲地区的进口来源国（地区）数平均有46个，但北美洲只有4个国家，进一步从我国外贸地理方向来看，按进口额统计的进口地理方向主要集中在亚洲地区，大大地高于从北美洲地区的进口。所以，尽管中国从亚洲地区的进口总额多，但由于单个进口品种类的进口额较少，所以从亚洲地区进口的广义边际反而较小。因此，依据产品多样化和产品量分析的进口地理方向是不一致的。促进我国进口多样化程度的加深，应该注重单个进口品种类的进口额。

从时间趋势上看，尽管2000—2011年，按进口额统计的进口地理方向出现分散化趋势，表现为中国从亚洲、欧洲和北美洲三大主体市场的进口在我国进口总额中的占比呈现下降的趋势，而从非洲、拉丁美洲和大洋洲的进口在我国进口总额中的占比呈现逐年上升的趋势。这说明我国进口地理方向呈现分散化趋势，但由于从这些国家或地区的进口额较小，并未对我国进口品种类的多样化程度加深起到很大的作用。

表 5－2　2000—2011 年按洲分我国进口广义边际指数均值以及进口来源国（地区）数

年份		亚洲	非洲	拉丁美洲	欧洲	北美洲	大洋洲	其他国家和地区（不详）
2000	EM	0.027	0.005	0.010	0.006	0.069	0.024	0.00027
		（41）	（49）	（49）	（38）	3	13	1
2001	EM	0.026	0.005	0.011	0.006	0.067	0.025	0.00004
		42	46	49	34	5	11	1
2002	EM	0.025	0.005	0.010	0.007	0.066	0.025	0.00001
		43	51	50	40	4	13	1
2003	EM	0.024	0.004	0.010	0.007	0.066	0.023	0.00007
		44	54	51	39	3	16	1
2004	EM	0.023	0.004	0.009	0.006	0.064	0.024	0.00011
		43	54	51	40	4	17	1
2005	EM	0.022	0.003	0.009	0.006	0.060	0.023	0.00009
		45	53	51	36	5	17	1
2006	EM	0.022	0.003	0.009	0.006	0.063	0.020	0.00019
		45	53	52	41	4	19	1
2007	EM	0.020	0.003	0.009	0.006	0.060	0.021	0.00020
		49	57	49	42	4	19	1
2008	EM	0.019	0.003	0.009	0.006	0.065	0.019	0.00023
		48	56	48	43	5	18	1

续表

年份		亚洲	非洲	拉丁美洲	欧洲	北美洲	大洋洲	其他国家和地区（不详）
2009	EM	0.019	0.003	0.009	0.006	0.061	0.020	0.00011
		49	56	49	43	4	17	1
2010	EM	0.018	0.002	0.009	0.005	0.061	0.018	0.00149
		49	57	49	44	3	18	1
2011	EM	0.018	0.002	0.009	0.006	0.060	0.018	0.00243
		48	56	49	45	5	19	1
平均	EM	0.022	0.003	0.009	0.006	0.064	0.022	0.00044
		46	54	50	40	4	16	1

资料来源：根据中国海关数据和 UN Comtrade 数据库数据统计；单元格括号中是国家（地区）数。

表 5 - 3　2000—2011 年按进口额统计我国进口地理方向

	亚洲	非洲	欧洲	拉丁美洲	北美洲	大洋洲	其他
2000 年	62.8%	2.5%	18.1%	2.4%	11.6%	2.6%	0.0%
2001 年	60.4%	2.0%	19.9%	2.8%	12.4%	2.6%	0.0%
2002 年	65.0%	1.8%	17.6%	2.8%	10.5%	2.3%	0.0%
2003 年	66.1%	2.0%	16.9%	3.6%	9.3%	2.1%	0.0%
2004 年	65.8%	2.8%	15.9%	3.9%	9.3%	2.4%	0.0%
2005 年	66.9%	3.2%	14.6%	4.1%	8.5%	2.7%	0.0%
2006 年	66.4%	3.6%	14.5%	4.3%	8.5%	2.7%	0.0%
2007 年	64.8%	3.8%	14.6%	5.3%	8.4%	3.0%	0.0%
2008 年	62.0%	4.9%	14.8%	6.3%	8.3%	3.6%	0.0%
2009 年	60.0%	4.3%	16.1%	6.4%	8.9%	4.2%	0.0%
2010 年	59.8%	4.8%	15.6%	6.6%	8.4%	4.7%	0.1%
2011 年	57.6%	5.3%	16.5%	6.9%	8.3%	5.1%	0.3%

资料来源：根据国家统计局数据计算。

（3）按产业分我国进口广义边际指数的变化

根据 HS 2 位编码，我们把所有的进口品分为 8 个产业：HS 01 - 24 为农业和食品制造业；HS 27 - 40 为石油和塑料制品业；HS 44 - 49 为造纸业；HS 41 - 43、50 - 67 为纺织品服装制造业；HS 68 - 83 、HS 25 - 26为采矿业和金属制品业；HS 85 为通信设备、计算机及其他电子设备制造业；HS 84、HS 86 - 89 为交通设备及机械制造业，HS 90 - 98为其他工业制成品行业。

表 5 - 4 中的 EM 均值是根据国别 - HS 2 位编码 - 时间三维数据进行统计分析的结果。可以看出，我国 7 个产业的进口广义边际均值除电子产品外，其值没有很大的差异。其中进口广义边际最大的是农业和食品制造业，其次是纺织品服装业，石油和塑料制品业，造纸业、机电产品以及采矿业和金属制品业。但从进口广义边际的均值和中位数的差异上看，各个产业的进口广义边际在国家和其中包括的 HS 2 位编码上差异很大，差异越大，行业的进口广义边际均值越小，从而也使得按进口

品种类和进口额统计的进口商品结构有很大的不同。

对比表5－4和表5－5可以看出，尽管农业和食品制造业在我国进口品总额中的占比不到5%，但是我国进口广义边际最大的行业，而通信设备、计算机及其他电子设备制造业在我国进口商品结构中占比达到20%，仅次于石油和塑料制品业25%的占比，但通信设备、计算机及其他电子设备制造业的进口广义边际指数却是石油和塑料制品业的1/2。其原因在于：通过对比通信设备、计算机及其他电子设备制造业的进口广义边际指数的均值和中位数，可以看出该行业的进口在其中包括的HS 2位编码所表示的产业以及进口来源国上的差异十分大。

表5－4　按产业分我国进口广义边际指数描述性统计分析

产业	HS 2	EM
农业和食品制造业	1－24	0.018 (0.001)
石油和塑料制品业	27－40	0.013 (0.0003)
造纸业	44－49	0.013 (0.0002)
纺织品服装制造业	41－43 50－67	0.014 (0.0002)
采矿业和金属制品业	68－83 25－26	0.012 (0.0003)
通信设备、计算机及其他电子设备制造业	85	0.006 (0.000001)
交通设备及机械制造业	84 86－89	0.013 (0.00004)
其他工业制成品	90－98	0.014 (0.00007)

注：EM指标值括号中是中位数，括号上方是均值；HS 2位编码的行业分类标准来源于Adrelean和Lugovskyy（2010）。

资料来源：根据中国海关数据库数据统计。

表 5-5 2000—2011 年按行业分我国进口商品结构

年份	农业和食品制造业	石油和塑料制品业	造纸业	纺织品服装制造业	采矿业和金属制品业	通信设备、计算机及其他电子设备制造业	交通设备及机械制造业	其他工业制成品
2000	4.2%	24.5%	4.8%	9.0%	12.1%	22.5%	18.1%	4.8%
2001	4.0%	22.2%	4.2%	8.2%	12.2%	22.9%	20.9%	5.5%
2002	3.5%	21.5%	3.9%	7.1%	11.8%	24.8%	21.5%	5.8%
2003	3.8%	20.8%	3.2%	5.8%	12.7%	25.2%	21.6%	7.0%
2004	3.8%	20.8%	3.2%	5.8%	12.7%	25.2%	21.6%	7.0%
2005	3.4%	23.4%	2.5%	4.5%	13.9%	26.6%	17.2%	8.4%
2006	3.0%	24.3%	2.3%	4.2%	13.0%	27.8%	17.6%	7.9%
2007	3.5%	23.9%	2.4%	3.5%	15.2%	26.9%	16.7%	8.0%
2008	4.5%	27.1%	2.3%	2.9%	16.2%	23.5%	15.8%	7.7%
2009	4.6%	25.1%	2.3%	2.8%	16.9%	24.2%	16.6%	7.5%
2010	4.5%	24.5%	2.3%	2.8%	17.1%	23.0%	17.4%	8.5%
2011	4.6%	25.7%	2.4%	2.9%	17.7%	20.8%	16.7%	9.3%

资料来源：根据中国海关数据统计。

5.3.3.2 我国出口比较优势指数的分析

表5-6和表5-7分别从时间变化和产业角度分析了我国出口比较优势指数的变化。用RCA指数判断一个国家的出口品的出口比较优势的原则是，如果RCA>1，说明一国的出口具有比较优势，如果小于1则不具有比较优势。从表5-6可以看出，我国相对世界总体的出口计算的出口RCA指数均值稳定在3左右，大大地大于1，但出口比较优势的中位数从大于1逐渐地小于1，这说明虽然从总体上看，我国出口具有比较优势，但对超过半数的产品而言，出口竞争力从具有优势下降到不具有优势。

rep_j 反映的是我国各种产品的出口比较优势与各国的出口比较优势的相对值。可以看出，我国与各国出口比较优势的相对值的均值变化较大，中位数较稳定。中位数稳定的原因在于，虽然每年我国出口地理方向都在不断扩大，但不会有很大的变化，所以出口比较优势的中位数不会有太大的变化差异；由于我国的出口比较优势与发达国家相比很小，但与一些欠发达或发展中国家相比却很大，随着传统发达国家出口市场的开拓进入稳定期，我国新展开的外贸对象国多是一些小国，这些国家的出口比较优势要大大地小于我国，因此这些国家的加入，带来我国的出口国数变化小，但出口比较优势值却很大。因此，我国与各国出口比较优势的相对值呈现很不规律的变化。因此，我国与各国出口比较优势的相对值的中位数稳中有升，说明我国对传统出口市场的出口比较优势是逐年上升的。

表5-6　2000—2011年我国出口比较优势指数的变化

年份	rep_c		rep_j	
	均值	中位数	均值	中位数
2000	3.182	1.127	292.53	1.626
2001	3.060	0.996	511.69	1.591
2002	2.829	1.033	9345.18	1.543
2003	2.627	1.123	57.09	1.566
2004	2.752	1.179	132.84	1.562
2005	2.762	1.228	72.67	1.613
2006	2.688	1.020	1710.39	1.617
2007	2.693	0.976	1989.02	1.567
2008	2.789	0.941	177.50	1.568
2009	2.827	0.920	2822.45	1.466
2010	3.104	0.905	897.92	1.666
2011	3.118	0.959	5848.12	1.776

资料来源：根据中国海关数据和UN Comtrade数据库数据统计。

表5-7进一步将HS 2位编码划分为7个产业，进而分析了各个产业的出口比较优势指数的变化。总体来看，除农业和食品制造业、石油和塑料制品业外，我国其他产业的显示性出口比较优势指数值都大于1，说明这几个产业我国具有出口竞争力。从产业间的横向比较来看，我国出口比较优势最大的行业仍然是劳动要素密集的纺织品服装制造

业，虽然我国现在出口商品结构以机电产品为主，但机电产品的出口比较优势不是我国最具有比较优势的产业。从与各国 RCA 指数的比值来看，我国服装制造业的出口比较优势也是最大的。尽管机电产品（包括通信设备、计算机及其他的电子设备制造业，交通设备及机械制造业）不是我国最具优势的产业，但从与各国的比较来看，却是仅次于服装制造业。因此，行业的出口比较优势指数显示，我国出口比较优势最大的是服装制造业和机电产品行业。

表 5－7　按产业分我国出口比较优势指数分析

group	HS 2	REP_C	REP_j
农业和食品制造业	1－24	0.663 (0.357)	505.93 (0.47)
石油和塑料制品业	27－40	0.564 (0.534)	901.77 (1.00)
造纸业	44－49	1.156 (0.428)	219.00 (0.81)
纺织品服装制造业	41－43 50－67	8.492 (2.660)	5496.21 (4.65)
采矿业和金属制品业	68－83 25－26	2.151 (1.568)	1983.09 (1.88)
通信设备、计算机及其他电子设备制造业	85	1.649 (1.662)	3166.49 (7.59)
交通设备及机械制造业	84 86－89	1.031 (0.964)	2791.42 (2.48)
其他工业制成品	90－98	2.042 (2.232)	228.70 (5.42)

资料来源：根据中国海关数据和 UN Comtrade 数据库数据统计。

5.3.4　估计结果

5.3.4.1　混合面板数据模型回归结果

基于上述指标的计算结果，我们对方程（5－1）进行估计，分析我国进口品种类和国产品种类之间替代关系的存在性。

根据理论模型，证明国内产品种类与进口品种类之间的替代关系存在性，需要同时满足两个条件：我国与进口来源国的距离——*lnd* 回归系数为负，距离与我国与进口来源国的相对劳动生产率的交叉项——$Lndis \times lnrep_{Chinaj}$的回归系数也为负，由于距离代表贸易成本，二者的回归系数同时为负说明，随着贸易成本的提高，进口品种类的价格越高，由于国产品种类和进口品种类之间是替代的，所以进口品种类会降低，而如果本国相对于外国劳动生产率越高，贸易成本提高对进口种类的降低作用增强，更进一步证实了进口品种类和国内产品种类之间的替代关系存在性。反之，若 *lnd* 回归系数和 $Lndis \times lnrep_{Chinaj}$的回归系数都不显著为负，则证明国产品种类和进口种类之间不存在替代关系。

表 5－8 是分别控制不同的固定效应得到的混合面板数据回归结果。第 1 列仅控制 HS 2 位编码固定效应，第 2 列同时控制了 HS 2 位编码和进口来源国固定效应，第 3 列是同时控制了 HS 2 位编码和年份固定效应。可以看出，在控制不同的固定效应情况下，*lnd* 回归系数和 $Lndis \times lnrep_{Chinaj}$的回归系数都显著为负。其中 *lnd* 回归系数为－2 左右，这说明，以距离表示的贸易成本提高 1%，会带来我国进口品种类下降 2%，说明我国进口品种类的增长受贸易成本的影响很大。而在控制不同固定效应的情况下，$Lndis \times lnrep_{Chinaj}$的回归系数尽管都显著为负，但回归系数值有所变化，当仅控制 HS 2 位编码固定效应时，回归系数为－0. 05，随着逐渐加入年份固定效应、进口来源国固定效应，其回归系数的绝对值分别增加为 0. 06、0. 08，说明在加入与年份以及与各个进口来源国相关的因素后，我国相对于进口来源国的劳动生产率的提高，提高贸易成本，会带来进口品种类更大的下降作用。这一回归结果的政策含义在于：随着我国国内劳动生产率的提高，要获得更多的进口品种类增长，以及相应的贸易利益，应该推进贸易自由化，降低与进口贸易成本相关的贸易壁垒、运输成本。

模型中其他项的回归系数与理论模型预测相同。我国从各国的进口品种类与进口来源国的人均 GDP——$LnGDPP_j$的回归系数为正，证明了我国进口品种类增长中市场规模效应是成立的，即进口来源国的人均 GDP 越高，对中国出口的产品种类越多。我国劳动生产率——rep_{China}的回归系数为正，原因是在我国和进口来源国的相对劳动生产率不变的情况下，随着我国劳动生产率的提高，外国的劳动生产率也提高，进口品种类的价格下降，进口品种类增长；rep_{Chinaj}表示我国与进口来源国的相对劳动生产率，其回归系数为负，由于我国相对劳动生产率的提高，使得国产品相对于进口品价格下降，会降低进口品种类。这一结论反之也说明，如果我国国产品相对于进口品劳动生产率更低，那么进口品的增长会大幅度地替代国内产品种类。

表 5－9 和表 5－10 是对各年横截面回归结果。回归结果显示 2000—2011 年，有 50% 的年份中，我国与进口来源国的相对劳动生产率 rep_{Chinaj}，距离与相对劳动生产率额交叉项 $d*rep_{Chinaj}$的回归系数都为负，因此，关于产业—国家—时间的三维数据以及各年的横截面回归结果说明，我国国产品种类和进口品种类之间存在替代效应。

表 5－8　混合面板数据回归结果

自变量	1	2	3
lnd	－2.019*** (－74.73)	－2.219*** (－12.72)	－1.939*** (－102.85)
$Lnrep_{China}$	1.125*** (－25.83)	1.022*** －29.81	0.968*** －21.72
$lnrep_{Chinaj}$	－0.549*** (－5.39)	－0.335*** (－4.11)	－0.478*** (－4.88)
$Lndis*lnrep_{Chinaj}$	－0.0512*** (－4.29)	－0.0780*** (－8.17)	－0.0588*** (－5.11)
$LnGDPP_j$	1.084*** －82.93	0.715*** －7.23	1.100*** －91.34
N	54471	54471	54471

续表

自变量	1	2	3
固定效应	HS 2 编码	HS 2 和国家	HS 2 和年份

注：(1) 因变量：lnem。

(2) 回归系数下方括号中表示的是 t 值，“*”“* *”“* * *”分别表示 10%、5% 以及 1% 下的显著性水平。

表 5-9　2000—2011 年各年截面回归结果-1

自变量	2000 年	2001 年	2002 年	2003 年	2004 年	2005 年
lnd	-2.072*** (-21.19)	-2.124*** (-21.10)	-2.118*** (-21.38)	-1.943*** (-20.91)	-2.018*** (-21.59)	-1.940*** (-20.93)
$Lnrep_{China}$	0.639*** (-2.68)	0.410* -1.71	0.470* -1.81	0.364 -1.28	0.721*** -3.3	-0.0189 (-0.07)
$Lnrep_{Chinaj}$	0.00329 -0.01	-0.732* (-1.84)	-1.043*** (-2.64)	-0.349 (-0.98)	-0.413 (-1.14)	-0.438 (-1.22)
Lndis * $lnrep_{Chinaj}$	-0.103** (-2.39)	-0.0228 (-0.49)	0.0096 -0.21	-0.0800* (-1.90)	-0.0775* (-1.81)	-0.0701* (-1.67)
$LnGDPP_j$	1.046*** -21.73	1.043*** -20.39	1.013*** -20.51	1.048*** -23.24	1.023*** -22.28	1.108*** -24.56
N	3790	3826	3971	4203	4360	4537

注：(1) 因变量：lnem；

(2) 回归系数下方括号中表示的是 t 值，“*”“* *”“* * *”分别表示 10%、5% 以及 1% 下的显著性水平。

表 5-10　2000—2011 年各年截面回归结果-2

自变量	2006 年	2007 年	2008 年	2009 年	2010 年	2011 年
lnd	-1.912*** (-20.79)	-2.046*** (-22.30)	-2.017*** (-21.49)	-1.945*** (-21.59)	-2.071*** (-22.70)	-1.878*** (-20.74)
$Lnrep_{China}$	0.445 -1.54	0.591** -2.09	0.711** -2.38	0.213 -0.79	0.458* -1.73	0.16 -0.6
$Lnrep_{Chinaj}$	-0.730** (-2.09)	-0.397 (-1.10)	-0.965*** (-2.71)	-0.384 (-1.15)	-0.937*** (-2.86)	-0.684** (-2.17)
Lndis * $lnrep_{Chinaj}$	-0.0243 (-0.59)	-0.0727* (-1.72)	-0.00083 (-0.02)	-0.0683* (-1.74)	-0.00694 (-0.18)	-0.039 (-1.06)

续表

自变量	2006 年	2007 年	2008 年	2009 年	2010 年	2011 年
$LnGDPP_j$	0. 960*** -21. 6	1. 056*** -24. 13	1. 134*** -25. 12	1. 147*** -25. 95	1. 203*** -28. 71	1. 150*** -26. 59
N	4660	4751	4873	4949	5356	5195

注：(1) 因变量：lnem。

(2) 回归系数下方括号中表示的是 t 值，“*”“**”“***”分别表示 10%、5% 以及 1% 下的显著性水平。

5.3.4.2 稳健性检验

模型中，我们分析了劳动生产率对进口品种类的影响，但亦进一步说明进口品种类的增长反过来也会提高一国的劳动生产率，如 Amiti 和 Konings（2007）、Kasahara 等（2008）、Broda 等（2006）。所以模型中的劳动生产率内生性会带来模型估计结果的有偏性。基于此，我们对劳动生产率引入工具变量来解决此问题。由于模型中采用比较优势指数来表示劳动生产率，因此根据要素禀赋理论，要素禀赋决定一国的出口比较优势，但又不与进口品种类相关。所以引入的工具变量是中国和世界各国的禀赋的比值，其中的禀赋包括各国的资本存量和人口①。

表 5-11 是 OLS 和工具变量的 2SLS 回归结果。从回归结果看，在引入工具变量后，距离项的回归系数以及距离和相对劳动生产率交叉项的回归系数不仅仍显著为负，而且回归系数值变化较小，这说明进口品种类与劳动生产率之间的内生性不会影响到模型估计结果，证明进口品种类和国产品种类之间替代关系存在性的稳定性。

表 5-11 工具变量回归结果

	OLS	2SLS
lnd	-2. 014*** (-72. 13)	-2. 173*** (-54. 66)

① 数据来源于 penn world table。

续表

	OLS	2SLS
lnrep	0. 744*** (60. 79)	3. 011*** (11. 95)
lnrepj	0. 0357 (0. 34)	-1. 008*** (-5. 72)
dis_ rep$_j$	-0. 119*** (-9. 75)	-0. 091*** (-5. 72)
lngdp$_{cj}$	1. 111*** (83. 15)	1. 142*** (65. 63)
_ cons	-1. 202*** (-4. 49)	0. 696*** (1. 74)
N	54471	54471

注：(1) 因变量：lnem。

(2) 回归系数下方括号中表示的是 t 值，"*""**""***"分别表示 10%、5% 以及 1% 下的显著性水平。

5.4 国产品种类与进口品种类之间的替代弹性估算

第 4 节实证分析说明我国国产品种类和进口品种类之间存在替代关系，并且是稳健的。那么二者之间的替代性有多大呢？下面我们进一步建立实证模型，实际估算二者之间的替代弹性系数。

5.4.1 实证模型

$$\ln N_{hfs} = \ln N_{hhs} + \frac{\varepsilon(1-\sigma)}{\sigma-\varepsilon}\ln\varphi_s + \frac{(\varepsilon-1)(1-\sigma)}{\sigma-\varepsilon}\ln\tau_s$$

基于此，建立回归方程：

$$\ln EM^s_{Chinaj} = \alpha^s + \delta\ln X_{Chinat} + \gamma_1\ln rep^s_{Chinajt} + \gamma_2\ln d_{Chinaj} + \varepsilon_{Chinajt} \tag{5-6}$$

基于公式（5-6），得到回归系数 γ_1 和 γ_2，根据 $-\frac{\varepsilon(1-\sigma)}{\sigma-\varepsilon} = \gamma_1$，

$-\frac{(\varepsilon-1)(1-\sigma)}{\sigma-\varepsilon}=\gamma_2$。进一步，基于 Broda 和 Weinstein（2006），我们利用 2000—2011 年中国与 240 多个国家（地区）细分的 HS 8 位编码双边进口贸易数据，估算了 4236 个 HS 8 位编码进口品之间替代弹性值[①] σ，并利用 HS 2 位编码进口品所包括的 HS 8 位编码进口品的替代弹性值的均值表示 HS 2 位编码产品的 σ 值。根据图 5－1，我们在分析 HS 2 位编码产品的 σ 值时，去除了样本中最大的 1% 的观测值，这些过大的观测值，带来平均值统计有偏性。

利用估计系数 γ_1 和 γ_2，以及估计出的 σ，求解得到 ε，根据假设，我们取估计出的 HS 2 编码产品 ε 值，保留 $\varepsilon>1$ 的值，获得最终的 ε 值。

sigma

	Percentiles	Smallest		
1%	1.580093	1.1		
5%	2.1	1.101607		
10%	2.474974	1.119687	Obs	4236
25%	3.500738	1.164595	Sum of Wgt	4236
50%	7.6		Mean	43.08818
		Largest	Std. Dev.	361.3051
75%	55.6	4585.635		
90%	104.1	5448.222	Variance	130541.4
95%	128.1	8324.969	Skewness	47.65708
99%	131.1	20606.21	Kurtosis	2561.021

图 5－1 我国进口差异化产品种类的替代弹性值 σ 描述性统计分析

5.4.2 回归结果分析

我们基于方程（5－6），控制 HS 2 位编码和年份固定效应，对 98 个 HS 2 位编码产品数据分别进行回归，进而按照上述的分析思路得到的 98 个 HS 2 位编码进口品种类和国产品种类的替代弹性值 ε 进口品与国内产品种类之间的替代弹性 ε。为了从整体上更加明确地了解我国产

① 具体的估算方法及分析见第四章《中国进口品多样化的贸易利益估算》。

业间国产品种类和进口种类之间替代弹性的差异，我们进一步基于HS 2位编码与产业的对应表，将98个HS 2位编码归类到8个产业下，通过计算各个产业中包括的HS 2位编码的 ε 平均值，得到产业水平的国产品种类和进口品种类的替代弹性值，以及二者之间的替代程度指数：$(\varepsilon-1)/\varepsilon$。$(\varepsilon-1)/\varepsilon$ 越大，表明国产品种类和进口种类之间的替代性越大，反之，则越小。当 $(\varepsilon-1)/\varepsilon \rightarrow 0$ 时，表示国内产品种类和进口品种类之间不是替代品；而当 $(\varepsilon-1)/\varepsilon \rightarrow 1$，$\varepsilon \rightarrow \infty$ 时，进口品种类和国内产品种类之间是完全替代品。

基于Broda和Weinstein（2006），我们利用2000—2011年中国与240多个国家细分的HS 8位编码双边进口贸易数据，估算了4236个HS 8位编码进口品之间替代弹性值[①] σ，并基于估算结果计算了进口差异化产品种类之间的替代程度（表5-11第5列），对比 σ 和 ε，发现进口品种类之间的替代弹性要远远地大于国产品种类和进口品种类之间替代弹性，这符合模型理论的预测。

从产业之间的国产品种类和进口品种类之间的替代弹性值epcilon比较来看，行业内进口品和国产品之间替代程度按照从高到低的顺序排，排在前5位的依次是：纺织服装鞋帽皮革羽绒及其制品业、非金属矿物制品业、造纸印刷及文教体育用品制造业、纺织业、通用、专用设备及电气机械制造业，说明在这些行业，我国进口品种类和国产品种类之间的竞争较为激烈。但进口品对国产品真正替代还取决于国产品的劳动生产率以及贸易成本的变化。

① 具体的估算方法及分析见第四章《中国进口品多样化的贸易利益估算》。

表 5－12 按产业分国产品种类与进口品种类替代弹性

	投入产出表部门	HS 2	sigma		epcilon		epcilon/sigma
1	农林牧渔业	6 ~ 15	mean	23. 64	mean	2. 13	0. 09
					min	1. 01	
					p50	2. 21	
					max	2. 98	
2	煤炭石油开采、加工业	27	mean	4. 13	mean	1. 80	0. 44
					min	1. 25	
					p50	1. 80	
					max	2. 36	
3	采矿业	25 － 26	mean	22. 36	mean	2. 29	0. 10
					min	1. 92	
					p50	2. 29	
					max	2. 67	
4	食品制造及烟草加工业	1 － 5，16 － 24	mean	19. 22	mean	2. 26	0. 12
					min	1. 02	
					p50	2. 32	
					max	3. 30	
5	纺织业	50 － 61	mean	31. 12	mean	2. 61	0. 08
					min	1. 01	
					p50	2. 90	
					max	3. 71	
6	纺织服装鞋帽皮革羽绒及其制品业	41 － 43 62 － 67	mean	32. 99	mean	2. 86	0. 09
					min	1. 91	
					p50	3. 09	
					max	3. 78	
7	木材加工及家具制造业	44 － 46 94	mean	23. 68	mean	2. 35	0. 10
					min	1. 21	
					p50	2. 25	
					max	3. 65	

续表

	投入产出表部门	HS 2	sigma		epcilon		epcilon/sigma
8	造纸印刷及文教体育用品制造业	47－49	mean	35. 28	mean	2. 66	0. 08
					min	1. 13	
					p50	2. 82	
					max	3. 90	
9	化学工业	28－40	mean	20. 35	mean	2. 25	0. 11
					min	1. 01	
					p50	2. 30	
					max	3. 87	
10	非金属矿物制品业	68－70	mean	25. 55	mean	2. 82	0. 11
					min	1. 19	
					p50	3. 27	
					max	3. 58	
11	金属冶炼及压延加工业	72 74－80	mean	14. 78	mean	2. 06	0. 14
					min	1. 10	
					p50	1. 99	
					max	2. 68	
12	金属制品业	73 81－83	mean	26. 82	mean	2. 19	0. 08
					min	1. 09	
					p50	1. 40	
					max	3. 57	
13	通用、专用设备及电气机械制造业	84 90	mean	41. 82	mean	2. 44	0. 06
					min	1. 37	
					p50	2. 32	
					max	3. 76	
14	交通运输设备制造业	86－89	mean	41. 20	mean	1. 80	0. 04
					min	1. 31	
					p50	1. 42	
					max	3. 08	

续表

	投入产出表部门	HS 2	sigma		epcilon		epcilon/sigma
15	通信设备、计算机及其他电子设备制造业	85	mean	24. 60	mean	2. 36	0. 10
					min	1. 42	
					p50	2. 36	
					max	3. 31	
16	仪器仪表及文化办公用机械制造业	91 －92 95	mean	31. 84	mean	2. 34	0. 07
					min	1. 12	
					p50	2. 51	
					max	3. 66	
17	工艺品及其他制造业（含废品废料）	71，93 96 －98	mean	34. 05	mean	2. 16	0. 06
					min	1. 22	
					p50	1. 80	
					max	3. 24	

注：其中的采矿业包括金属矿采选业和非金属矿及其他矿采选业。

5.5 国产品和进口品种类替代弹性与中国进口品种类增长的贸易利益

基于上述国产品和进口品种类种类之间、进口差异化产品种类之间的替代弹性估算结果，我们最后估算考虑国产品和进口品种类替代弹性下的我国进口品种类增长的贸易利益。

5.5.1 理论基础

在考虑进口品种类和国产品种类相互作用的情况下，Adrelean 和 Lugovskyy（2010）将 Broda 和 Weinstein（2006）估算偏误表示为：

$$\frac{BW}{VC_{h_s}} = \left((\tau_{st}/\tau_{st-1})^{-\frac{(\varepsilon-1)}{\sigma-\varepsilon}} (\varphi_{st}/\varphi_{st-1})^{-\frac{\varepsilon}{\sigma-\varepsilon}} \right)^{\omega_{h_{st}}} \tag{5-7}$$

（5 －7）式估算在考虑进口品种类和国产品种类相互作用的情况下，Broda 和 Weinstein（2006）估算偏误，来自于两个因素：一是由于贸易成本（从价关税）的变化；二是由进口国—出口国相对生产率的变化。如果源于上述两个因素的变化产生的进口品种类变化带来了国内产品种类的增加，那么 $BW < VC_{h_t}$，忽略国产品和进口品种类间的相互作用会低估进口品种类增长的贸易利益，那么，$BW/VC < 1$；反之，进口品种类增加带来了国内产品种类的下降，那么忽略了进口品种类和国产品种类之间的作用高估进口品种类增长的贸易利益。

5.5.2 估算方法及结果

由于中国与各国的距离不会随着时间的变化而变化，所以在实际估算忽略了进口品种类和国产品种类之间的作用时的进口品种类增长的贸易利益，双边贸易距离不再可用。我们根据《中华人民共和国海关税则》HS 8 位 - 10 位编码的产品的关税水平统计了 2000 年和 2011 年我国 HS 2 位编码的关税率，以此量化我国贸易成本的变化率。首先，我们对 HS 2 位编码所包括的 HS 8 位编码产品的关税水平进行平均，获得 HS 2 位编码水平的关税税率；其次，由于海关没有公布具体 HS 8 位编码—国别关税，所以 HS 8 位编码的关税水平应该是 MFN（最惠国税），还是 NORMAL（普通关税）也未可知。为了更加全面地反映关税水平的变化，我们分别统计了 HS 2 位编码的 MFN（最惠国税）和 NORMAL（普通关税）；最后对每个 HS 2 位编码的 MFN 关税率和 NORMAL 关税率进行平均，获得最终的 HS 2 位编码关税率。

2000—2011 年我国劳动生产率变化，我们采用 HS 2 位编码的出口品的显示技术比较优势指数的变化来表示。指标 $\omega_{h_{st}}$ 是一个理想对数变化权重（Ideal Log - change Weight）。

$$\omega_{h_{st}} = \frac{(s_{h_{st}} - s_{h_{st-1}})/(\ln s_{h_{st}} - \ln s_{h_{st-1}})}{(s_{h_{st}} - s_{h_{st-1}})/(\ln s_{h_{st}} - \ln s_{h_{st-1}}) + (s_{f_{st}} - s_{f_{st-1}})/(\ln s_{f_{st}} - \ln s_{f_{st-1}})}$$

$$s_{h_{st}} = \frac{\sum_{u \in J_{st}} p_{h_{sut}} q_{h_{sut}}}{\sum_{u \in J_{st}} p_{h_{sut}} q_{h_{sut}} + \sum_{v \in I_{st}} p_{f_{sut}} q_{f_{sut}}};\ s_{f_{st}} = \frac{\sum_{v \in I_{st}} p_{f_{sut}} q_{f_{sut}}}{\sum_{u \in J_{st}} p_{h_{sut}} q_{h_{sut}} + \sum_{v \in I_{st}} p_{f_{sut}} q_{f_{sut}}}$$

其中 J_{st} 表示 t 期产业 s 的国内产品种类，I_{st} 表示 t 期的进口品种类。

$s_{h_{st}}$ 表示国产品种类的支出在进口品种类和国产品种类总支出中的占比，$s_{f_{st}}$ 表示对进口品种类的支出在所有种类支出中的占比，$s_{h_{st}} + s_{f_{st}} = 1$。

为计算 $s_{h_{st}}$ 和 $s_{f_{st}}$，需要获得国内产品种类支出和进口品种类的支出数据，国产品种类的支出只有产业水平的，而前述指标都是采取 HS 编码表示的。为此，我们基于投入产出表，将 HS 2 位编码与 42 个部门的投入产出表①中的产业相对应，获得与 HS 2 位编码相对应的部门产出、进口、出口数据②。其中 $t-1$ 和 t 年的产出数据分别使用的是 2002 年和 2010 年投入产出表数据。

国内产品种类的支出 = 投入产出表中产业的产出 - 出口，进口品种类的支出等于投入产出表部门的进口，所有种类的支出 = 国内产品种类支出 + 进口品种类支出，最终获得国内产品种类支出占比 $s_{h_{st}}$ = 国内产品种类支出/所有种类的支出。基于上述指标的计算结果，根据 (5-7) 式我们计算得到表 5-13，由于国内产品种类与进口品种类的相互作用我国进口品种类增长估算产生偏误。

表 5-13　2000—2011 年忽略国内产品种类与进口品种类的作用产生的估算偏误

投入产出表部门	总效应	相对劳动生产率效应	关税效应	Epcilons/sigma
农林牧渔业	6.2%	6.3%	-0.1%	0.09
煤炭石油开采、加工业	78.4%	81.9%	-3.5%	0.44
采矿业	9.1%	9.0%	0.1%	0.10
食品制造及烟草加工业	9.5%	9.4%	0.2%	0.12
纺织业	-0.5%	-0.4%	-0.1%	0.08
纺织服装鞋帽皮革羽绒及其制品业	0.0%	0.3%	-0.3%	0.09
木材加工及家具制造业	4.0%	4.5%	-0.5%	0.10
造纸印刷及文教体育用品制造业	-4.1%	-3.5%	-0.7%	0.08

① 由于 2012 年投入产出表尚未公布，现在从国家统计局获得的最新投入产出数据是 2010 年，本书样本期是 2000—2011 年，所以时间稍微滞后了一年，不影响分析的结果。

② 基于沈利生（2007），我们进行少量的合并，获得了 42 个部门的投入产出表部门与 HS 2 位编码的匹配标准。

续表

投入产出表部门	总效应	相对劳动生产率效应	关税效应	Epcilons/sigma
化学工业	1.8%	2.4%	-0.5%	0.11
非金属矿物制品业	-4.8%	-4.4%	-0.4%	0.11
金属冶炼及压延加工业	23.2%	24.5%	-1.3%	0.14
金属制品业	-0.1%	0.3%	-0.4%	0.08
通用、专用设备及电气机械制造业	-0.3%	-0.4%	0.1%	0.06
交通运输设备制造业	1.0%	0.7%	0.3%	0.04
通信设备、计算机及其他电子设备制造业	-3.3%	-3.3%	-0.1%	0.10
仪器仪表及文化办公用机械制造业	0.8%	0.8%	-0.1%	0.07
工艺品及其他制造业（含废品废料）	3.3%	3.3%	-0.1%	0.06

资料来源：根据2002年、2010年投入产出数据，中国海关数据，UNcomtrade数据计算统计分析得到。

如果 $BW/VC<1$，表示 BW 低估了进口品种类种类增长的贸易利益，原因在于进口品种类增加带来了国内产品种类增加，在表5－12中显示符号为负；若 $BW/VC>1$，说明 BW 高估了进口品种类种类增长的贸易利益，进口品种类降低了国产品种类，在表5－12中显示符号为正。

表5－12第3列显示，在纺织业，造纸印刷及文教体育用品制造业，非金属矿物制品业，金属制品业，通用、专用设备及电气机械制造业，通信设备、计算机及其他电子设备制造业，忽略进口品种类和国产品种类的相互作用，会低估进口品种类增长的贸易利益，这些行业的进口品种类对国产品的生产起到了很好的补充作用，会促进国产品种类的增长；而在其他行业，忽略二者的相互作用，会高估进口品种类增长的贸易利益，这些行业的进口品对国内产品种类的替代作用较强，竞争最为激烈的行业是能源密集型的金属冶炼及压延加工业、煤炭石油开采、加工业。进一步，我们将总的估计偏误分解为两个部分，即由相对劳动

生产率变化带来的估计偏误和由关税变化带来的估计偏误，呈现在表5－13的后两列。可以看出，在2000—2011年间，由于我国进口品的相对劳动生产率的变化程度高于进口关税的变化程度，我国进口品种类增长的估计偏误主要是由相对劳动生产率的变化带来的，而关税等贸易成本的变化起着次要作用。

因此综合分析，我国现阶段进口品种类对国产品种类起互补和竞争的双重作用，如果要降低进口品种类对国产品种类的竞争替代程度，相对于贸易成本的降低，国产品种类自身技术水平的提高是更为重要的。忽略国内产品种类和进口品种类之间的影响，估算我国进口品种类增长的贸易利益是有偏的。

5.6 结论和政策建议

开放引入的进口品会对一国经济产生竞争和互补的双重作用。因此，在评估一国进口品种类增长的贸易利益时，进口品种类对国内市场的影响不能忽略。本节通过建立实证模型研究我国国内劳动生产率和贸易成本对进口品多样化程度——进口广义边际指数的影响，证明了各个产业中进口产品种类和国产品种类之间替代弹性的存在性，实际估算了二者之间的替代弹性值，以及各个产业由于忽略二者之间替代弹性值产生的进口品种类增长的估算偏误。

通过将由于忽略二者的替代弹性产生的总估算分解成由于国内劳动生产率变化和由于贸易成本变化产生的估算偏误二部分，得出2000—2011年间，我国进口品的相对劳动生产率的变化程度高于进口关税的变化程度，我国进口品种类增长的估计偏误主要是由相对劳动生产率的变化带来的，而关税等贸易成本的变化起着次要作用。这反过来说明，只要国内产品具有优势，降低关税扩大进口带来的国内福利损失是很小的。这为我国在“十三五”规划进口政策的制定提供一定的实证依据。

6　中国进口品质量与产业产出

6.1　引言

我国经济已经从注重增长规模向注重增长质量的高质量发展阶段转变，在此背景下，对外贸易也从“粗放式”出口增长向“进出口贸易平衡发展”方向转变。“粗放式”出口增长方式忽略了其结构合理性发展，使得出口商品结构性问题日益凸显，出现诸如加工贸易所占的比重过高、自主研发的高附加值产品所占比重偏低、缺乏自主品牌、处于产业链低端、国际市场竞争力较弱等一系列问题。这些问题严重制约着我国经济增长的质量。与此同时，“大进大出”的外贸格局导致中国和美国、欧盟等主要贸易伙伴之间的贸易不平衡。在资源日益短缺、环境保护压力不断增大、国际贸易保护主义开始抬头的今天，贸易不平衡使得我国出口面临的国内外环境不断恶化，外贸摩擦加剧，人民币升值压力上升，贸易外汇占款引发的国内通货膨胀压力增加。为此，我国政府在“十二五”规划中明确提出：发挥进口对宏观经济平衡和结构调整的重要作用，优化对外贸易结构，进而实现“出口商品结构优化和贸易收支基本平衡”的目标。这意味着，我国外贸战略的侧重点将是扩大进口。

大量的文献关注了进口经济效应。在未区别进口品差异的基础上，早期的研究关注进口品总体的经济效益。进口品通过物化型技术外溢（Co 和 Helpman，1995）和非物化型技术外溢（Jaffe，1986）影响一国的全要素生产率，进口品还可以通过引入竞争来促进进口国生产率的提高。基于印度制造业企业层面的面板数据，Parameswaran（2009）显示进口技术外溢会促进企业的劳动生产率。Melitz（2003）的异质性企业模型研究表明，在进口国企业自身生产率水平不变的情况下，进口竞争通过淘汰生产率低的企业，提高进口国劳动生产率总体平均水平。

近期研究表明，进口品质量是影响进口经济效应的重要因素。Amit和Konings（2007）的研究表明贸易自由化通过提升进口中间品种类和质量来促进企业全要素生产率的提高。Blalock和Veloso（2007）研究发现使用进口中间投入品越多的企业，其劳动生产率也越高。施炳展和张雅睿（2016）说明贸易自由化提升企业进口中间品质量的途径有成本效应、竞争效应、产业关联效应以及学习溢出效应。企业进口中间品的质量影响企业的出口绩效（耿晔强和史瑞祯，2018）、生产率（Halpern，2015，林正静和左连村，2018）、产品创新（诸竹君等，2018）。除中间品外，资本品质量也影响企业产品创新（魏浩和林薛栋，2017）。

本章在计算产业进口渗透率的基础上，依据Khandelwal（2010）的研究方法，估算了HS 8位编码进口品总体的质量，从进口性价比、进口质量阶梯、洲际进口地理方向、产业、BEC标准分类的进口中间品、资本品和消费品多个维度分析我国进口品质量，并建立实证模型研究我国产业总体进口质量、洲际不同地理方向以及中间品和资本品的进口质量对产业产出的影响效应，从产业的角度对我国进口品质量的经济效益做出判断。

6.2 文献回顾

贸易品质量的经济研究中，最为关键的是贸易品质量度量。早期研究中，价格往往被作为主要的度量指标。Hallak（2006）根据美国从各国进口产品的数据，来构造各个出口国的3位产业出口产品价格指数——来自此产业下属的各种10位HS编码的产品，这些价格指数即为各国的质量指标，得出高收入国家倾向于从那些生产高质量产品的国家进口更多高质量的商品。Schott（2004）假定高质量产品也是高价格。但由于影响价格的因素除了质量外，还有许多其他因素，如产品的运输成本、技术水平等，所以单纯依据价格来度量产品质量会产生估算偏误。

许多文献在研究一国出口品的质量，提出了价格之外的更为精确的度量质量。Hummels和Klenow（2005）假定各国同种产品内的差异化产品种类数是相同的，将出口质量因素从出口深度边际指标分解出来，得出结论，大国是以更高的质量出口更多的商品，高质量伴随的必然是高价格。Verhoogen（2008）根据企业产出对行业平均产出偏离程度来度量企业的产品质量思想，估计了企业层面的出口品质量。Goldberg和Pavcnik（2007）、Kaplan和Verhoogen（2005）将企业生产的产品质量与其劳动生产率密切联系。但上述研究方法存在度量复杂、数据不可获得的缺点。

近期的研究主要依据细分的HS编码贸易品的价格和贸易量数据建立实证模型，利用反推法得出贸易品质量。基于此研究思路，在研究对象上经历了产业、产品和企业和产品结合的研究过程。Hallak和Schott（2007）使用产业层面数据，只依据进口价格和进口量数据，估算了产业的进口品质量。而利用Berry（1994）的Nest Logit模型，Khandelwal（2010）在控制出口国的经济规模、价格后，赋予高市场份额的进口品种类高质量，根据其研究方法可以获得HS 8位编码水平具体产品的差异化产品种类的质量。Antoniades（2015）建立理论模型将企业的进口品质量与其生产率相联系。Khandelwal等（2013）、施炳展和曾祥菲（2015）依据新新贸易理论，从实证的角度测算了企业的进口品质量。

大量的文献基于反推法测算了我国进口品质量，并建立实证模型估计了其经济效应。基于 Khandelwal（2010）的研究方法，余淼杰、李乐融（2016）估计了中国从 203 个国家进口的 3714 种进口中间品的质量，发现相对于加工贸易，贸易自由化显著提升了一般贸易中进口中间品质量；施炳展和曾祥菲（2015）基于海关微观贸易数据，首次测算了中国企业进口产品质量，研究发现：中国企业进口产品质量呈上升趋势，提升企业进口产品质量应是增加贸易利益的重要渠道。中国作为发展中国家，进口高质量的中间品对我国获取技术外溢、提高生产的质量具有重要意义，因此学术研究尤为关注了我国微观企业进口中间品质量的经济效应。基于施炳展和曾祥菲（2015）的质量研究方法，施炳展、张雅睿（2016）的研究发现，伴随着关税下降，中国企业进口中间品质量整体增长，且一般贸易组增长速度远快于加工贸易组。钟建军（2016）、郑亚莉等（2017）、林正静和左连村（2018）、Fan 等（2018）从不同的角度研究了进口中间品质量对制造业企业全要素生产率的影响，研究结论都支持了进口高质量中间品有利于提升企业的生产率。耿晔强和史瑞祯（2018）构建了进口中间品质量与企业出口绩效，分析了影响机理，发现整体上看，进口中间品质量升级显著地促进了企业出口绩效的提升。诸竹君等（2018）研究了进口中间品质量、创新对企业出口国内增加值的影响，却发现进口中间品质量静态下与企业出口国内增加值显著地负相关，动态下全样本效应为负，一般贸易不显著，而加工贸易显著负相关。进口品质量的动态贸易利益的研究体现在进口品质量对企业产品创新的影响上，魏浩和林薛栋（2018）研究了进口资本品和中间品质量对我国企业产品创新的影响，研究结果发现：从一般贸易的进口来看，进口中间品质量的提升显著促进了企业创新，进口资本品质量的提升对企业创新的影响表现为倒“U”型。

基于企业层面数据的文献发现进口中间品质量对企业生产率具有促

进作用。中国工业企业数据只包括了规模以上工业企业的生产信息，并未将所有企业信息包括在内。进口品对国内企业生产具有互补作用的同时，也具有替代效应。异质性企业模型也强调了进口的竞争效应会提高大企业的生产率，而导致低生产率企业的退出，当一个产业内退出的企业占优时，进口品质量越高，对国内企业的替代作用越强，进口品质量会呈现对部分企业的产出效率具有提高作用的同时，而对产业总体产出具有降低作用。因此，本章采用 Khandelwal（2010）产品质量反推法，基于中国各个产业总产出，估算了 HS 8 位编码水平的进口品差异化产品种类的质量，从时间、进口地理方向以及 BEC 分类标准三个角度，关注产业进口品质量对其产出影响，对现有文献关于企业进口品质量、进口中间品质量的研究结论形成有益补充，从产业层面了解进口品质量的经济效应。

6.3 中国进口品质量的测度

6.3.1 实证模型

Khandelwal（2010）提出产业 i 中 HS 8 位编码进口品的一个差异化产品种类的质量可以采用方程（6－1）进行估计：

$$\ln(s_{v_{ch}t}) - \ln(s_{0t}) = \lambda_{1,v_{ch}} + \lambda_{2,t} - \alpha p_{v_{ch}t} + \beta\ln(ns_{v_{ch}t}) + \gamma\ln pop_{ct} + \lambda_{3,v_{ch}t} \tag{6-1}$$

方程（6－1）中，下标 v_{ch} 表示 HS 8 位编码进口品 h 的一个差异化种类，c 表示进口来源国；$s_{v_{ch}t}$ 是一个进口品种类 v_8 的市场份额，s_{0t} 是国内进口替代品的总市场份额；$p_{v_{ch}t}$ 是 v_8 的单位产品价值，用进口价格表示。$ns_{v_{ch}t}$ 为一个 nest，是 HS 8 位编码产品一个进口种类在所有进口种类的进口量中的占比，表示将同一个产品的产品种类放入一个巢（Nest）中，以区别同一个产品 h（表现为一个 HS 8 位编码产品）的差异化产品种类之间的替代性，与不同产品的差异化产品种类之间的替代弹性①的不同。pop_{ct} 是进口来源国 c 的人口规模。此变量的加入是为了消除由于隐藏的产品种类问题的存在带来的进口品质量的高估问题，用 pop_{ct} 代表隐藏的产品种类规模②，或采用进口来源国的 GDP。

$\lambda_{1,v_{ch}}$ 反映了对所有消费者都相同的，对 v_{ch} 的质量估计值；$\lambda_{2,t}$ 是对所有产品种类都相同的质量随时间而变化的趋势。例如，随时间的变化，每种产品种类质量会随生产中累积经验的增加而逐渐提高质量。$\lambda_{1,v_g}+\lambda_{2,t}$ 可以看作是 v_{ch} 的平均质量，$\lambda_{3,v_{ch}t}$ 是计量经济学不能观测，但消费者能观测的产品种类－时间固定效应的偏离，它与 v_{ch} 的生产成本、运费以及价格相关。

采用产品—时间面板数据，利用产品和时间双项固定效应模型估算方程（6－1），可以得到 $\lambda_{1,v_{ch}}$ 和 $\lambda_{2,t}$ 的估计值 $\hat{\lambda}_{1,v_g}$ 和 $\hat{\lambda}_{2,t}$ 及残差项 $\lambda_{3,v_{ch}t}$ 。v ch的质量可以表示为：$\lambda_{cht}=\hat{\lambda}_{1,v_g}+\hat{\lambda}_{2,t}+\lambda_{3,v_{ch}t}$ 。

根据方程（6－1），进口品种类的质量是根据其需求函数推断出来的，表现为需求函数的垂直截距部分。它是在控制出口国的经济规模、价格后，赋予高市场份额的进口品种类高质量。

6.3.2 数据与指标构建

6.3.2.1 指标的构建

（1）进口价格 $p_{v_{ch}t}$ 和 $ns_{v_{ch}t}$

我们用 v_{ch} 的进口额/进口量之比，获得其进口价格。$ns_{v_{ch}t}$ 是一个 v_{ch} 的进口量在产品 HS 8 位编码产品 h 的总市场容量中的占比。沿袭 Armington（1969）的差异化产品种类表示方法，以一个 HS 8 位产

① 很明显，同一个产品的差异化产品种类之间的替代弹性要高于不同产品的差异化产品之间的替代弹性，而在传统的 Logit 回归模型中，没有此变量。

② 根据 Feenstra（1994）的说明，由于贸易品统计分类不够细分，会产生隐藏的产品种类。例如，现在的 HS 编码只细分到 8 位，美国等发达国家已经细化到 10 位，假若产品种类还可以细分到 12 位，那么 10 位或 8 位编码统计会使现实中实际贸易种类隐藏。产生相同价格下的市场份额统计误差，产生质量估计值的高估或低估。

品—进口来源国配对表示一个产品种类，我们用从一个国家进口 HS 8 位编码产品 h 的进口额在此 HS 8 位编码产品总进口额中的占比来表示。

（2）进口品种类 v_{ch} 的国内市场份额 $ns_{v_{ch}t}$ 与国内进口替代品的市场份额 s_{0t}

s_{0t} =1 - 产业 i 的进口渗透率 $Pent_{it}$，其中 $Pent_{it} = (M_{it} / M_{it} + Q_{it} - X_{it})$，是产业 i 的进口渗透率，M_{it}、X_{it} 和 Q_{it} 分别是产业 i 的进口额、出口额和产值。为获得此指标，我们首先基于海关数据获得产业的进口和出口总额。根据 HS 2 位编码与产业的匹配标准，建立 HS 2 位海关代码与产业相匹配，进而将 HS 2 与 HS 8 位编码相对应，最终建立产业与 HS 8 位编码的对应标准，统计了各个产业的进口额和出口额；其次，我们从国研网统计数据库获取了 2002—2008 年的产业产出数据①；最终根据获得的产业进口、出口以及产出数据，计算了各个产业的进口渗透率，进而得到产业 i 的国内进口替代品的市场份额 s_{0t}。

产业 i 的国内市场规模 $MKT_{it} = \sum_{v_g \neq 0} q_{v_{ch}t} / (1 - s_{0t})$，其中 $\sum_{v_{ch} \neq 0} q_{v_{ch}t}$ 是 t 时产业 i 的进口量，相应地 $s_{v_{ch}t} = q_{v_{ch}t} / MKT_{it}$。

6.3.2.2 数据的来源

指标计算中进出口数据来源于中国与 200 多个国家（地区）的 HS 8 位编码的海关数据，基于 Penn World Table 获得各个进口来源国的人口规模和 GDP 数据；而产业产出数据来自国研网统计数据库。

---

① 产业产出数据其他来源有：（1）投入产出表。其优点是所有产业的国内产出都包括在内；缺点为时间不连续，数据滞后，无法与年度的进口和出口相对应，因此，无法用于计算产业进口渗透率。（2）国家统计局网站也可以获得连续时间的产业出数据。优点是时间连续，缺点是只包括规模以上的企业产业，也无法与年度的包括所有企业的进口和出口相对应。本节选择的数据是包括了所有企业的连续时间的产业数据，但时间段较短，只有 2002—2008 年的数据，但相对于前者是满足分析的最优选择。

6.3.3 指标的描述性统计分析

6.3.3.1 2002—2008 年中国产业进口渗透率

表 6-1 列举了 2002—2008 年我国各个部门的进口渗透率变化情况。总体来看，2002—2008 年，除了农林牧渔业以及能源部门的进口渗透率是上升的，我国其他工业部门的进口渗透率都是下降的。2002—2008 年我国的农林牧渔业的进口渗透率从 2% 上升到 4%，而煤炭、石油、天然气的进口渗透率从 15% 上升到了 21%；采矿业的进口渗透率则从原本已经很高的 30% 上升到了 45%。这些部门的进口渗透率的上升与我国在经济发展中能源的日益短缺以及土地资源的短缺密切相关。

曾经是我国主要出口产品的纺织品和服装制造业的进口渗透率下降较为明显，纺织业的进口渗透率从 27% 下降到 11%，而纺织服装鞋帽、皮革羽绒及其制品业的进口渗透率下降多，从 35% 下降到 9%；相对于纺织品服装制造业，现在已经成为我国主要出口的机电产品行业的进口渗透率变化较小，反映这些部门对进口的依赖性较大。机电产品行业具有明显的加工组装的性质，其产成品的出口对进口零部件具有很强的依赖性，这导致这些行业的进口渗透率变化较小。而我国纺织品服装制造业这些劳动密集型行业的进口渗透率的大幅度下降，也正是随着我国近 40 年改革开放，这些行业利用最初的加工、代工所积累的经验，逐渐转化为实际的生产率，带来国内纺织品服装制造技术的提升，对进口的依赖降低。

表 6－1　2002—2008 年我国各个部门的进口渗透率

	I－O 部门	HS 2	2002 年	2003 年	2004 年	2005 年	2006 年	2007 年	2008 年
1	农林牧渔业	06－15	0.02	0.03	0.03	0.03	0.03	0.03	0.04
2	煤炭、石油、天然气开采、加工业	27	0.15	0.18	0.20	0.19	0.20	0.19	0.21
3	采矿业	25－26	0.30	0.36	0.47	0.47	0.42	0.43	0.45
4	食品制造及烟草加工业	01－05，16－24	0.04	0.04	0.04	0.03	0.03	0.03	0.02
5	纺织业	50－61	0.27	0.26	0.25	0.20	0.18	0.15	0.11
6	纺织服装鞋帽皮革羽绒及其制品业	41－43 62－64，65－67	0.35	0.37	0.32	0.27	0.20	0.13	0.09
7	木材加工及家具制造业	44－46 94	0.64	0.63	0.63	0.42	0.32	0.24	0.15
8	造纸印刷及文教体育用品制造业	47－49	0.15	0.15	0.14	0.12	0.11	0.10	0.09
9	化学工业	28－40	0.23	0.24	0.24	0.22	0.20	0.18	0.16
10	非金属矿物制品业	68－70	0.04	0.04	0.04	0.03	0.03	0.02	0.02
11	金属冶炼及压延加工业	72 74－80	0.18	0.18	0.15	0.13	0.10	0.09	0.07

续表

	I－O 部门	HS 2	2002 年	2003 年	2004 年	2005 年	2006 年	2007 年	2008 年
12	金属制品业	73 81－83	0. 13	0. 15	0. 15	0. 16	0. 14	0. 12	0. 10
13	通用、专用设备 制造业、电气机械及器材制造业	84,90	0. 40	0. 45	0. 48	0. 42	0. 38	0. 31	0. 25
14	交通运输设备制造业	86－89	0. 11	0. 13	0. 12	0. 11	0. 12	0. 10	0. 09
15	通信设备、计算机 及其他电子设备制造业	85	0. 52	0. 51	0. 53	0. 53	0. 54	0. 54	0. 48
16	仪器仪表及文化 办公用机械制造业	91,92 95	na	0. 26	0. 17	0. 13	0. 08	0. 09	0. 08
17	工艺品及其他制造业 （含废品废料）	71,93 96－98	na	0. 27	0. 30	0. 27	0. 19	0. 21	0. 19

资料来源：根据海关数据和国研网数据统计得来。

6.3.3.2 其他指标的描述性统计分析

表6-2提供了模型中使用的其他变量的总体描述性统计分析。基于方差指标可以看出，各个产业的差异化产品种类的价格差异性大，因此，为了提高回归结果的显著性，我们对价格指标做了如下的删除离群值处理：第一步，总体上删除进口量只有1个单位，或进口额小于5000美元的数据。第二步，按产业删除价格在［5 95］分位之外的产品种类价格。删除离群值之后，其他指标的各项统计值都没有很大的变化，而价格指标的均值和方差都大大缩小，这会提高模型估计结果的稳定性。

表6-2 变量的总体描述性统计分析

variable	均值（Mean）	方差（Sd）	p50	最小值（Min）	最大值（Max）
$s_{v8,t}$	0.00003	0.000667	0	0	0.167
$ns_{v8,t}$	0.0575	0.149	0.00245	0	1
$p_{v8,t}$	18000	550000	10	0.000066	1.200e+08
Pop_t	83	170	38	0.0473	1300
ns	27	15	25	1	120

表6-3 变量的总体描述性统计分析——删除价格离群后

variable	均值（Mean）	方差（Sd）	p50	最小值（Min）	最大值（Max）
$s_{v8,t}$	0.000024	0.000494	0	0	0.109
$ns_{v8,t}$	0.0733	0.159	0.00815	0	1
$p_{v8,t}$	3300	17000	9.288	0.0423	210000
Pop_t	86	170	46	0.0505	1200
ns	28	15	26	1	120

6.4 中国进口品质量的特征

6.4.1 实证模型估计结果

基于上述指标，我们采用双向固定效应模型估计模型（1），以推算2002—2008年各个产品种类的质量，估计结果显示在表6－4至表6－6中。可以看出，模型的估计结果较好，进口价格指标的回归系数都显著为负，但各个产业进口价格对其进口市场份额的影响不同，我们进一步基于进口价格的回归系数，计算了各个产业的进口需求价格弹性（见图6－1）。图6－1显示，我国进口需求价格弹性最大的是煤炭、石油、天然气开采、加工业，其次是农林牧渔业。反映这些行业的进口价格的上升，对国内进口需求的影响较大，而劳动要素密集型的纺织品服装制造业（产业5和6）和机电产品行业（产业13、14 、15）的需求价格弹性较小，说明这些出口密集型产业对世界市场的原料、零部件的依赖性较强，面对世界市场价格的变化，国内的进口需求调整较小。

表6－4　进口品质量方程估计结果：产业1－6

	1	2	3	4	5	6
$p_{v8,t}$	−5.916*** (−8.69)	−22.58*** (−4.04)	−13.00*** (−7.40)	−3.709*** (−9.09)	−1.831*** (−8.30)	−0.353*** (−9.33)
$lnns_{v8,t}$	0.700*** (22.64)	0.730*** (21.71)	0.776*** (31.66)	0.836*** (75.84)	0.867*** (47.25)	0.795*** (35.98)
lnpop	0.988 (0.99)	−0.481 (−1.23)	2.171** (2.45)	−0.115 (−0.21)	1.663** (2.18)	1.131 (0.62)
_cons	−13.51*** (−17.53)	−10.14*** (−22.02)	−8.251*** (−10.23)	−11.67*** (−21.18)	−7.807*** (−10.68)	−8.102*** (−4.24)
N	10699	3651	7663	19514	54635	25961
R^2_overall	0.22	0.35	0.08	0.25	0.25	0.23
Prob > F	0	0	0	0	0	0

注：（1）因变量：$lns_{cht} - lns_{ot}$。

（2）回归系数下方括号中表示的是t值，“*”“**”“***”分别表示10%、5%以及1%下的显著性水平。

表6－5　进口品质量方程估计结果：产业7－12

	7	8	9	10	11	12
$p_{v8,t}$	−0.0861*** (−11.15)	−0.745*** (−4.32)	−0.483*** (−5.25)	−0.381*** (−8.45)	−0.307*** (−3.45)	−0.190*** (−7.11)

续表

	7	8	9	10	11	12
$lnns_{v8,t}$	0.876*** (89.74)	0.944*** (103.36)	0.891*** (56.32)	0.894*** (89.98)	0.931*** (68.06)	0.905*** (75.65)
lnpop	-2.830*** (-3.80)	0.134 (0.37)	-0.265 (-1.61)	-0.283 (-0.51)	0.804*** (2.62)	0.468 (1.29)
_cons	-11.47*** (-12.69)	-8.884*** (-20.49)	-11.49*** (-64.04)	-10.39*** (-18.60)	-8.858*** (-27.40)	-9.548*** (-22.64)
N	17872	16572	96978	13827	31708	29245
R^2_overall	0.0601	0.436	0.3647	0.5279	0.3369	0.4509
Prob > F	0	0	0	0	0	0

注：（1）因变量：lnscht - lnsot。

（2）回归系数下方括号中表示的是 t 值，“*”“**”“***”分别表示 10%、5% 以及 1% 下的显著性水平。

表 6-6 进口品质量估计结果：产业 13-17

	13	14	15	16	17
$p_{v8,t}$	-0.00024*** (-10.35)	-0.00064*** (-4.78)	-0.0045*** (-5.70)	-0.061*** (-5.55)	-0.459*** (-6.56)
$lnns_{v8,t}$	0.862*** (90.36)	0.865*** (52.93)	0.877*** (76.27)	0.858*** (66.35)	0.803*** (43.73)
lnpop	1.036 (1.35)	-0.744 (-0.58)	0.589 (0.77)	-0.089 (-0.05)	-0.039 (-0.03)
_cons	-11.32*** (-12.05)	-11.90*** (-10.71)	-10.97*** (-11.01)	-7.516*** (-4.17)	-8.965*** (-8.39)
N	99710	11711	56246	6253	7502
R^2_overall	0.1043	0.0371	0.2495	0.4374	0.3468
Prob > F	0	0	0	0	0

注：（1）因变量：$lns_{cht} - lns_{ot}$。

（2）回归系数下方括号中表示的是 t 值，“*”“**”“***”分别表示 10%、5% 以及 1% 下的显著性水平。

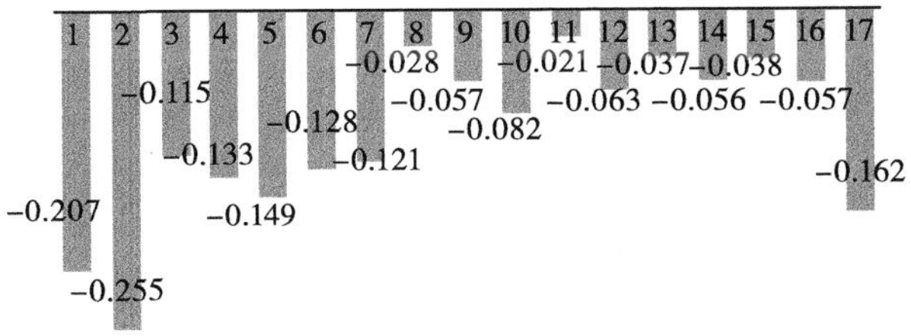

图 6－1　我国进口需求价格弹性

注：价格弹性是根据表 6－4 至表 6－6 中 $p_{v8,t}$ 的估计系数计算出来的。

6. 4. 2　中国进口品质量的分布

6. 4. 2. 1　质量指标标准化及加权加总

基于模型的估计结果，我们估算了进口品质量，其中进口品质量 λ_{cht} 的计算来自实证模型估计结果：$\lambda_{cht} = \hat{\lambda}_{1,v_8} + \hat{\lambda}_{2,t} + \lambda_{3,v_{cht}}$

基于模型的结果，我们得到产品—国家—时间三个维度质量估计结果。为从产业、洲际地理方向和 BEC 分类标准分析我国进口品质量的分布，我们对质量的估计结果做了处理：首先由于模型估计的进口品质量会有负值，我们沿袭施炳展和曾祥菲（2015）的做法[①]对质量进行标准化处理，这可以在不改变质量之间相对值的情况下，对质量特征进行描述性分析；其次，对标准处理后的质量指标，在产业、洲际和 BEC 分类的基础上进行加权求和，得到进口质量在产业、洲际和 BEC 分类中的中间品、资本品和消费品各个维度的分布。

（1）进口品质量的标准化

我们采用下述公式对估计的进口品质量进行标准化处理。

$$Nquality_{cht} = \frac{quality_{cht} - min\ (quality_{cht})}{max(quality_{cht}) - min\ (quality_{cht})}$$

其中，$Nquality_{cht}$ 是经过标准化处理的质量，$quality_{cht}$ 是进口品 h

① 郑亚莉等（2017）、耿晔强和史瑞祯（2018）都采用此方法对估计出的质量做了标准化处理。

（HS 8 位编码产品）从国家 c 在 t 年的进口质量，$max(quality_{cht})$ 和 $min(quality_{cht})$ 是进口品 h 在所有国家和年份进口品质量的最大值和最小值。

（2）按产业分析进口品总体的质量

标准化处理之后的质量数据是 HS 8 位编码—国别和时间，需要进一步根据进口额的占比加权加总到产业层面，分两步进行加权加总。

①按照国别进口额占比加总到产品层面（HS 8 位编码产品），获得各个产品各年的质量

$$Nquality_{ht} = \sum_c \frac{imvalue_{cht}}{\sum_c imvalue_{cht}} Nquality_{cht}$$

权重是 t 年 HS 8 位编码产品从国家 c 的进口额占其从所有国家进口额的比重，对每个 HS 8 编码产品按照进口来源国进行加权求和，得到 t 年每个 HS 8 位编码产品的质量。

②按照产品加总到产业层面

$$Nquality_{it} = \sum_h \frac{imvalue_{ht}}{\sum_h imvalue_{ht}} Nquality_{ht}$$

对每个产业，权重是 t 年产业 i，HS 8 位编码产品 h 的进口额产业 i 进口总额的比重，对每个产业按照产品 h 进行加权求和，得到 t 年每个产业进口品的质量。

（3）按进口地理方向分析各年进口品的质量

同样是利用进口额占比进行加权求和得到，以各个产业作为分析对象。

①获得产业 i 从每个国家的进口品质量

$$Nquality_{ict} = \sum_h \frac{imvalue_{cht}}{\sum_h imvalue_{cht}} Nquality_{cht}$$

权重是 t 年产业 i 从国家 c 的 HS 8 位编码产品 h 的进口额占产业 i 从国家 c 进口的所有产品的进口额的比重，每个产业对每个进口来源国

按照 HS 8 编码产品进行加权求和，得到 t 年产业 i 从每个进口来源国的进口品质量。

②对每个产业，加总到各年各个大洲的进口品质量，一共有 6 个大洲

$$Nquality_{iot} = \sum_{c} \frac{imvalue_{ct}}{\sum_{c} imvalue_{ct}} Nquality_{ct}$$

权重是 t 年产业 i 从国家 c 的进口总额在从大洲 o 的进口总额中的占比，对每个大洲按照进口国进行加总求和，得到从各个大洲的进口品质量。

（4）按 BEC 标准分析各年资本品、消费品和中间品的质量

按照 BEC 分类代码与 HS 6 位编码的匹配，将资本品、消费品和中间品都分别识别出来。根据产业，分析各个产业各年份进口中间品、消费品和资本品的质量。以中间品为例，其进口额加总过程为：

①计算各个产业的进口中间品的总体质量

$$Nquality_{it} = \sum_{h} \frac{imvalue_{ht}}{\sum_{h} imvalue_{ht}} Nquality_{ht}$$

对每个产业 i，权重是 t 年产业 i，一个 HS 8 位编码中间品 h 的进口额占产业 i 进口中间品总额的比重，对每个产业按照产品 h 进行加权求和，得到 t 年每个产业的进口中间品的质量。

②按照产业加总得到 t 年进口中间品的总质量指标

$$Nquality_{t} = \sum_{i} \frac{imvalue_{it}}{\sum_{i} imvalue_{it}} N\,quality_{it}$$

权重是 t 年产业 i 中间品进口额占 t 年进口中间品总额的比重，对每年按照产业进行加权求和，得到 t 年进口中间品的质量。之后用同样的方法对资本品和消费品质量进行分析，把相应的中间品换成相应的资本品和消费品。

6.3.2.2 我国进口品质量的分布特征

(1) 按时间和产业分我国进口品质量的变化

表 6-7 和图 6-1 是根据实证模型估计结果估算出的进口品质量，按照年份和产业分析我国进口品质量的变化①。

根据表 6-7 均值的统计结果，2002—2008 年我国进口品总体质量呈下降的趋势，从 2002 年的 0.706 下降到 2008 年的 0.625，各个产业之间进口品质量的方差也呈现下降的趋势，说明我国进口品质量在产业之间的差异性降低。

表 6-7 2002—2008 年 17 个产业进口品质量描述性统计分析

描述性统计量	2002 年	2003 年	2004 年	2005 年	2006 年	2007 年	2008 年
均值	0.706	0.737	0.751	0.710	0.669	0.655	0.625
方差	0.240	0.220	0.222	0.213	0.212	0.210	0.216

我们进一步分析了各年各个产业的进口品质量的分布特征。图 6-1的结果显示，2002—2008 年，我国 17 个产业中进口品质量呈上升趋势的产业有农林牧渔业，煤炭、石油、天然气开采、加工业，采矿业，金属制品业，通用、专用设备制造业，电气机械及器材制造业，交通运输设备制造业和工艺品及其他制造业；其他产业进口品质量的均值都出现下降的趋势。

① 由于模型估计出的进口品质量会有负值，在不改变产业间质量相对值的情况下，我们对各个产业的进口品质量同时加上一个常数“20”，调整所有的进口品质量都为正值，以便于分析。

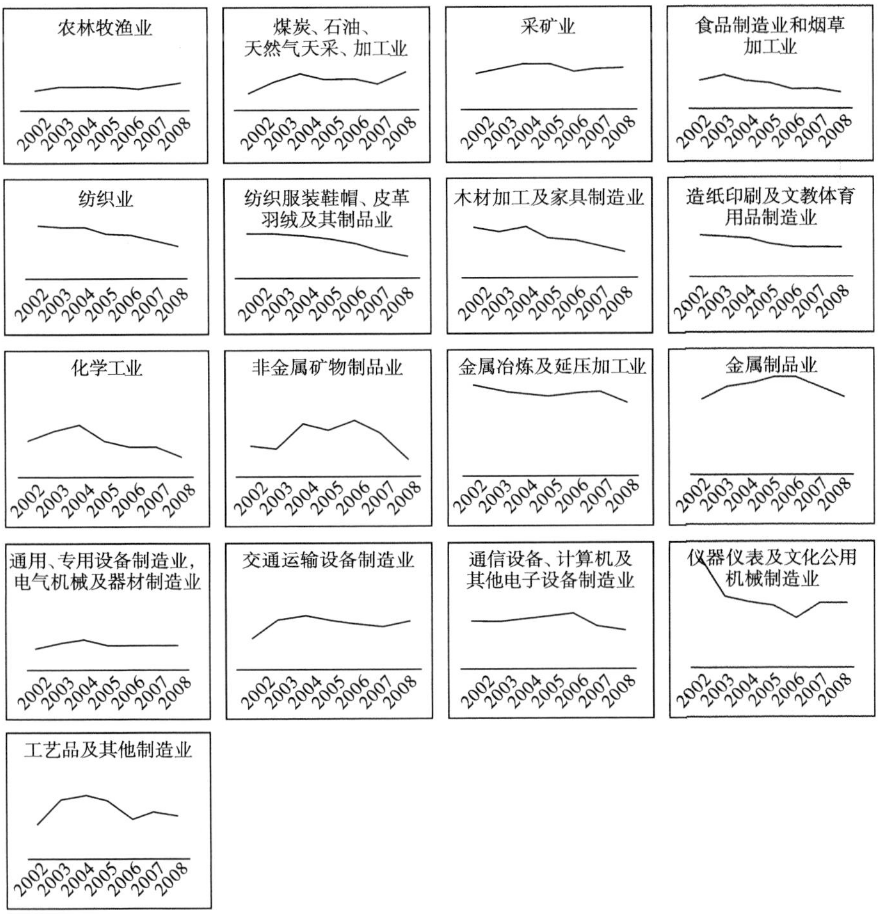

图 6－2　2002—2008 年我国各产业进口品质量的分布图

（2）按进口地理方向我国产业进口品质量分布

表 6－8 显示了我国进口品质量的洲际分布。2002—2008 年我国从各大洲进口品都是呈下降趋势。对比从各洲进口品的质量均值，按照从高到低的顺序，2002 年进口品质量最高的在亚洲地区，到 2008 年，则改变为北美洲。根据这些国家的人均 GDP 来看，经济越发达国家出口品质量越高，与我国进口品质量的洲际分布是相一致的。根据引力模型，受地理距离因素的影响，我国的进口主要地理方向是亚洲，在入世之初的 6 年里，从亚洲进口品的质量也是最高的。北美洲作为中国主要

的进口地理方向之一，在进口品质量上也是比较高的。

表6－8　2002—2008年我国进口品质量在各大洲的分布

年份	2002年	2003年	2004年	2005年	2006年	2007年	2008年
亚洲	0.736	0.758	0.769	0.721	0.679	0.687	0.649
非洲	0.679	0.732	0.730	0.699	0.675	0.658	0.615
欧洲	0.687	0.716	0.733	0.690	0.652	0.650	0.611
拉丁美洲	0.703	0.735	0.726	0.701	0.669	0.655	0.621
北美洲	0.710	0.724	0.741	0.702	0.671	0.681	0.655
大洋洲	0.656	0.689	0.671	0.643	0.636	0.623	0.589

（3）按BEC分类我国进口品质量分布

根据BEC分类，国民核算体系（SNA）中三大基本货物：资本品、中间品和消费品的构成如下：资本品：41、521；中间投入品：111、121、21、22、31、322、42、53；消费品：112、122 、522、61、62、63。按此分类划分的货物类别只包括了BEC中的19个基本类型中的16个，未包括321（汽油）、51（载客汽车）和7（未另归类的货物）。类型321和51在工业和家庭消费方面都可广泛使用。除去类型7，我们根据自身需要将321（汽油）、51（载客汽车）列入消费品中，因此消费品扩充为：112、122 、51、522、61、62、63。根据修改后的分类标准，我们首先将HS 8位编码归类到HS 6位编码下，进而将HS 6位编码与BEC分类标准相匹配，最后根据BEC分类标准归类到三大基本货物，统计三大基本货物的进口质量。

表6－9是按BEC分类标准统计的2002—2008年我国进口中间品、资本品和消费的质量情况。从进口品质量的均值来看，我国进口资本品、中间品的质量呈现上升的趋势，而我国进口消费品的质量略有下降。

表 6-9 按 BEC 分类标准分别统计中间品、资本品和消费品的进口品质量变化情况

	2002 年	2003 年	2004 年	2005 年	2006 年	2007 年	2008 年
资本品	0.186	0.204	0.226	0.215	0.211	0.214	0.208
中间品	0.709	0.696	0.703	0.674	0.655	0.716	0.732
消费品	0.764	0.730	0.693	0.623	0.581	0.711	0.695

6.5 中国进口品性价比分析

单纯进口品质量的变化并不能完全反映我国进口商品结构优化情况，进口性价比指标是更为准确的度量指标。我们进一步根据进口品质量的估计结果以及 HS 8 位编码产品—国别进口价格，对每个进口品种类计算其进口价格/质量比，价格/质量比是性价比的倒数，若价格/质量比下降，表明性价比上升。

6.5.1 中国进口性价比总体变化情况

从表 9-10 可以看出，2002—2008 年我国进口品总体价格质量比是下降的，表明进口性价比的均值是上升的，这与我国进口品总体质量变化趋势刚好相反。方差反映了各年进口品种类之间的性价比差异性，可以看出性价比差异也是扩大的。这说明，随着我国经济发展水平的提高，国内对不同质量的产品需求全面扩大，导致高质量产品定价更高，引起性价比上升的同时其差异性也扩大。

表 6-10 2002—2008 年我国进口性价比

	2002 年	2003 年	2004 年	2005 年	2006 年	2007 年	2008 年
样本数	64000	68000	71000	73000	78000	78000	79000
均值	0.289	0.292	0.286	0.228	0.196	0.171	0.137
方差	0.610	0.722	0.764	0.658	0.598	0.553	0.495

6.5.2 中国各产业进口性价比

表 6-11 是关于 2002—2008 年各个产业的进口性价比变化情况。

从产业均值的计算结果来看，2002—2008 年，除采矿业、交通运输设备制造业两个行业的进口性价比略有下降外，其他行业的进口性价比都是上升的。与前述的进口品质量变化相比，进口性价比上升的产业分布更广。这反映出我国现在进口商品结构朝着更为优化的方向发展。随着我国经济的发展，居民收入水平的提高，企业生产率的提高，国内对高质量产品的需求进一步提高的同时，对进口品价格的谈判能力也是逐步提高的。

行业的价格/质量比的方差反映了行业的进口性价比差异化情况。行业的进口价格/质量比的方差在各个产业之间差异性很大，但所有产业的进口价格/质量比的方差都呈现下降的趋势，说明对大多数行业而言，进口性价比的差异性都是趋于上升的，这些来自行业自身的特征不同，对高质量产品国内需求具有很大差异，引起进口性价比在产业间具有差异性的同时，变化趋势也是不同的。

表 6－11 2002—2008 年我国各产业进口性价比

序号	产业	统计量	2002 年	2003 年	2004 年	2005 年	2006 年	2007 年	2008 年
1	农林牧渔业	均值	0.669	0.657	0.605	0.515	0.516	0.483	0.457
		方差	0.809	0.804	0.733	0.687	0.708	0.644	0.610
2	煤炭、石油、天然气开采、加工业	均值	1.599	1.536	1.455	1.074	0.882	0.893	0.778
		方差	1.563	1.418	1.450	1.165	0.933	1.299	1.180
3	采矿业	均值	1.621	1.929	2.500	2.143	1.933	1.818	1.633
		方差	1.846	2.205	2.779	2.539	2.657	2.432	2.056
4	食品制造及烟草加工业	均值	0.479	0.466	0.413	0.336	0.314	0.293	0.232
		方差	0.450	0.438	0.395	0.351	0.341	0.321	0.289
5	纺织业	均值	0.294	0.270	0.245	0.183	0.153	0.141	0.095
		方差	0.294	0.279	0.260	0.209	0.184	0.181	0.145
6	纺织服装鞋帽皮革羽绒及其制品业	均值	0.181	0.176	0.158	0.129	0.097	0.063	0.042
		方差	0.297	0.298	0.282	0.250	0.202	0.152	0.121
7	木材加工及家具制造业	均值	0.354	0.271	0.256	0.144	0.110	0.150	0.087
		方差	0.616	0.497	0.489	0.299	0.249	0.408	0.274
8	造纸印刷及文教体育用品制造业	均值	0.929	0.821	0.713	0.506	0.384	0.319	0.236
		方差	0.782	0.738	0.662	0.523	0.417	0.370	0.322
9	化学工业	均值	0.296	0.305	0.293	0.237	0.208	0.180	0.150
		方差	0.341	0.348	0.324	0.276	0.247	0.227	0.216

续表

序号	产业	统计量	2002 年	2003 年	2004 年	2005 年	2006 年	2007 年	2008 年
10	非金属矿物制品业	均值	0. 270	0. 223	0. 225	0. 203	0. 196	0. 163	0. 119
		方差	0. 394	0. 329	0. 350	0. 334	0. 314	0. 281	0. 239
11	金属冶炼及压延加工业	均值	0. 492	0. 560	0. 523	0. 366	0. 302	0. 228	0. 146
		方差	0. 584	0. 658	0. 604	0. 420	0. 373	0. 306	0. 229
12	金属制品业	均值	0. 094	0. 110	0. 102	0. 096	0. 091	0. 070	0. 047
		方差	0. 138	0. 152	0. 145	0. 135	0. 128	0. 106	0. 084
13	通用、专用设备制造业、电气机械及器材制造业	均值	0. 004	0. 004	0. 005	0. 004	0. 003	0. 003	0. 002
		方差	0. 014	0. 015	0. 016	0. 014	0. 012	0. 010	0. 009
14	交通运输设备制造业	均值	0. 024	0. 026	0. 023	0. 025	0. 028	0. 027	0. 024
		方差	0. 046	0. 046	0. 042	0. 046	0. 046	0. 044	0. 039
15	通信设备、计算机及其他电子设备制造业	均值	0. 136	0. 112	0. 112	0. 110	0. 111	0. 102	0. 087
		方差	0. 491	0. 423	0. 427	0. 424	0. 437	0. 415	0. 367
16	仪器仪表及文化办公用机械制造业	均值	0. 348	0. 170	0. 134	0. 106	0. 071	0. 104	0. 081
		方差	0. 628	0. 329	0. 283	0. 229	0. 160	0. 238	0. 235
17	工艺品及其他制造业(含废品废料)	均值	1. 001	1. 623	1. 500	1. 334	0. 935	0. 719	0. 633
		方差	2. 077	3. 349	3. 379	2. 938	2. 406	2. 071	1. 986

6.5.3 按进口地理方向中国进口性价比

根据表 6 - 12，2002—2008 年我国进口性价比最高的地理方向集中在欧洲和北美洲。虽然从发达国家进口品的价格高，但其进口品质量也是较高的，反而导致从较为发达的欧洲和北美洲的进口性价比较高。我国外贸地理方向呈现出口的地理方向主要是欧洲和北美洲，而进口的主要地理方向是在亚洲地区的偏差性，不利于我国稳定友好的外贸环境的培养。由于地理位置的临近，亚洲是中国进口地理方向集中地。但从进口性价比的分析看，亚洲的进口性价比并不是最好的，因此，以进口性价比衡量我国进口商品结构的调整，应该扩大从欧美地区的进口。

从进口性价比的方差上来看，进口性价比在各个进口地理方向上差异最大在经济最不发达的非洲，在经济发达的欧洲和北美洲地区的质量差异是最小的。这说明发达国家的企业生产的产品质量和定价较为一致，企业之间差异性较小，从发达国家进口存在价格和质量不一致的风险较小。从进口性价比差异性的变化趋势上看，除大洋洲外，2002—2008 年，中国从其他五大洲进口性价比的差异是逐步缩小的。这些说明伴随着生产技术水平的成熟，发展中国家在高技术、高质量产品的技术优势逐步提高，高质量产品的定价有下降的趋势，使得进口品性价比的差异性逐步缩小。

表 6 - 12　2002—2008 年按进口地理方向分我国进口性价比的变化

大洲	统计量	2002 年	2003 年	2004 年	2005 年	2006 年	2007 年	2008 年
亚洲	均值	0.357	0.365	0.354	0.289	0.251	0.229	0.185
	方差	0.683	0.841	0.873	0.761	0.706	0.692	0.625
非洲	均值	0.473	0.509	0.554	0.400	0.391	0.302	0.262
	方差	0.849	0.928	1.145	0.923	0.965	0.782	0.719
欧洲	均值	0.210	0.201	0.196	0.152	0.105	0.080	na
	方差	0.504	0.549	0.578	0.492	0.346	0.301	na

续表

大洲	统计量	2002 年	2003 年	2004 年	2005 年	2006 年	2007 年	2008 年
拉丁美洲	均值	0.350	0.389	0.399	0.307	0.261	0.237	0.183
	方差	0.665	0.835	1.009	0.830	0.807	0.674	0.499
北美洲	均值	0.267	0.285	0.278	0.229	0.189	0.172	0.143
	方差	0.569	0.691	0.688	0.638	0.524	0.455	0.455
大洋洲	均值	0.359	0.355	0.344	0.278	0.238	0.221	0.178
	方差	0.661	0.719	0.865	0.711	0.731	0.720	0.667

6.5.4 按 BEC 分类标准中国进口品性价比

表 6-13 按 BEC 分类统计：中间品、资本品和消费品的进口品性价比

SNA 分类	统计量	2002 年	2003 年	2004 年	2005 年	2006 年	2007 年	2008 年
资本品	均值	0.019	0.017	0.017	0.025	0.023	0.023	0.018
	方差	0.139	0.118	0.122	0.330	0.282	0.352	0.278
中间品	均值	0.352	0.361	0.359	0.282	0.245	0.212	0.170
	方差	0.630	0.742	0.820	0.692	0.671	0.619	0.558
消费品	均值	0.329	0.306	0.266	0.214	0.169	0.143	0.114
	方差	0.718	0.921	0.848	0.731	0.485	0.394	0.387

表6-13 显示，2002—2008 年，我国资本品、中间品和消费品的性价比都是上升的，这反映了随着我国经济的发展，国内企业对资本品和中间品的需求市场以及消费者对进口品的需求都呈现扩大的趋势，国内市场需求旺盛，而外国企业为了打开中国国内市场、获取较高的市场份额，在提高产品质量的同时，价格竞争也较为激烈，导致我国各类进口品的性价比都提高。

从进口性价比的方差变化趋势上看，资本品的性价比方差呈现下降的趋势，而中间品以及消费品的价格/质量比方差都呈现上升的趋势。这说明进口资本品进口性价比在企业之间的差异性是下降的。进口资本品在国内的竞争越来越激烈，企业在提高产品质量的同时，定价降低更多，高质量产品生产企业的利润空间逐步缩小。相比较于资本品，中间品和消费品市场更接近于垄断竞争市场，企业数目较多，因而在产品质量和定价上的不确定因素也较多，产生了较大的性价比差异。这也说明我国进口商品中，进口资本品在质量和价格上的不确定因素较小，企业进口风险小，而在中间品和消费品的进口上，国内企业面临的选择不确定性较大。

6.6 中国进口品质量阶梯分析

根据 Khandelwal（2010），我们按照 HS 8 位编码产品，定义进口差异化产品种类的质量阶梯为其最大的质量和最小的质量之差，即：

$$QLadder_{hs8} = \lambda_{hs8}^{\max} - \lambda_{hs8}^{\min}$$

质量阶梯反映的是 HS 8 位编码进口品在各国之间的质量差异，质量阶梯越大，此种 HS 8 位编码产品在各国的质量差异就越大。产品价格与质量之间的相符程度与质量阶梯呈正向关（Khandelwal，2010），即，产品的质量阶梯越长，价格与质量之间越相符，价格是对产品质量的很好反映；而产品的质量阶梯越短，其价格与质量之间的相符性越小，价格不能很好地反映产品的质量。根据此计算公式，我们计算了各个 HS 8 位编码产品的质量阶梯，并从时间、产业、洲际地理方向和 BEC 分类四个维度分析我国进口品质量阶梯。

6.6.1 按时间中国进口品质量阶梯的变化

表 6－14 统计的产品质量阶梯的均值和方差结果显示，2002—2008 年，我国进口品的质量阶梯以及产品之间的质量阶梯差异总体呈现扩大的趋势，根据产品质量阶梯的计算公式，以及产品质量在洲际之间的差异，可以看出，随着我国进口地理方向的不断扩大，进口品质量阶梯会不断扩大。2001 年中国加入 WTO 后，外贸环境大大改善，进口地理方向也不断扩大，引起我国进口品质量阶梯扩大。进口品质量阶梯总体水平的扩大，一方面可以满足居民对各种质量产品的需求，同时也说明质

量的选择范围是增大的，进口品的价格能够更好地反映进口品质量，企业和居民选择进口品的风险逐步降低。

表 6 – 14　2002—2008 年我国进口品质量阶梯

	2002 年	2003 年	2004 年	2005 年	2006 年	2007 年	2008 年
均值	0. 475	0. 491	0. 508	0. 519	0. 524	0. 555	0. 584
方差	0. 252	0. 239	0. 241	0. 244	0. 244	0. 255	0. 264

6. 6. 2　按产业中国进口品质量阶梯

表 6 – 15 统计了各个产业进口品质量阶梯的均值。从各个产业自身随时间的变化趋势来看，2002—2008 年间，除煤炭、石油、天然气开采、加工业在 2008 年进口品质量阶梯有微小下降趋势外，其余 16 个产业的进口品质量阶梯都呈现“拉长”的趋势。根据进口品质量阶梯和进口品价格与质量相符度的正相关关系，我国各个产业进口品质量阶梯的“加长”是我国进口商品结构优化的表现，国内的企业和消费者依据产品的价格对产品质量做出判断，减少由于“高价低质”带来的损失。

从产品质量阶梯的纵向比较来看，产品的质量阶梯最长的行业主要集中在机电产品行业：通用、专用设备制造业、电气机械及器材制造业，交通运输设备制造业，通信设备、计算机及其他电子设备制造业。这来自我国外贸商品结构以机电产品为主，导致机电产品的进口地理方向不断扩大，带来其进口质量阶梯差异化增长。

表 6-15 按产业分我国进口品质量阶梯

序号	产业	2002 年	2003 年	2004 年	2005 年	2006 年	2007 年	2008 年
1	农林牧渔业	0.396	0.414	0.415	0.416	0.438	0.427	0.444
2	煤炭、石油、天然气开采、加工业	0.534	0.534	0.518	0.523	0.546	0.563	0.532
3	采矿业	0.466	0.462	0.515	0.520	0.512	0.562	0.584
4	食品制造及烟草加工业	0.453	0.450	0.473	0.485	0.508	0.521	0.528
5	纺织业	0.440	0.450	0.462	0.467	0.476	0.491	0.496
6	纺织服装鞋帽皮革羽绒及其制品业	0.334	0.350	0.361	0.362	0.372	0.386	0.398
7	木材加工及家具制造业	0.409	0.415	0.417	0.446	0.458	0.524	0.539
8	造纸印刷及文教体育用品制造业	0.481	0.462	0.487	0.494	0.498	0.520	0.522
9	化学工业	0.557	0.573	0.589	0.601	0.613	0.635	0.654
10	非金属矿物制品业	0.514	0.546	0.555	0.569	0.552	0.596	0.609
11	金属冶炼及压延加工业	0.565	0.561	0.578	0.595	0.602	0.620	0.643
12	金属制品业	0.523	0.535	0.548	0.562	0.578	0.588	0.609
13	通用、专用设备制造业、电气机械及器材制造业	0.475	0.489	0.512	0.520	0.506	0.560	0.610
14	交通运输设备制造业	0.483	0.496	0.492	0.494	0.549	0.591	0.668
15	通信设备、计算机及其他电子设备制造业	0.468	0.461	0.494	0.510	0.522	0.570	0.644
16	仪器仪表及文化办公用机械制造业	0.297	0.345	0.343	0.362	0.351	0.474	0.470
17	工艺品及其他制造业（含废品废料）	Na	0.396	0.408	0.424	0.433	0.457	0.470

6.6.3 按进口地理方向中国进口品质量阶梯

表6－16反映了我国从各大洲进口品的质量阶梯。我国进口质量阶梯在各大洲都呈现上升的趋势，这反映了2002—2008年，我国进口的地理方向在各大洲都有所扩大，带来进口质量阶梯的上升。

从进口质量阶梯的绝对值上来看，我国进口品质量按从长到短的顺序排列，依次拉丁美洲、欧洲、大洋洲、非洲、北美洲和亚洲。对比欧洲和北美洲地区，虽然都是发达国家，且进口品的质量平均水平都较高，但从这些国家进口品质量阶梯差异是很大的，欧洲地区的进口品质量阶梯要大大地高于北美地区的进口品，说明欧洲地区进口品的价格质量相符度较高，企业和消费者选择风险较小；由于地理位置、历史上的经济联系，亚洲是我国主要的进口地理方向，但其进口品质量阶梯在6大洲中却是最短的。这说明，从亚洲地区进口品价格和质量的相符度较低，选择风险大。因此，从提高进口品价格和质量相符度的角度来看，应该增加从大洋洲、欧洲地区的进口，有利于我国进口商品结构的优化。

表6－16　2002—2008年按进口地理方向分我国进口品质量阶梯

大洲	2002年	2003年	2004年	2005年	2006年	2007年	2008年
亚洲	0.464	0.478	0.494	0.504	0.511	0.542	0.566
非洲	0.483	0.492	0.519	0.539	0.535	0.565	0.583
欧洲	0.487	0.503	0.522	0.532	0.535	0.566	0.598
拉丁美洲	0.521	0.515	0.530	0.546	0.563	0.584	0.617
北美洲	0.457	0.476	0.488	0.499	0.507	0.537	0.567
大洋洲	0.487	0.501	0.527	0.530	0.534	0.571	0.598

6.6.4 按BEC分类标准中国进口品质量阶梯

表6－17计算了我国中间品、资本品和消费品的质量阶梯的均值。从表6－17可以看出三大类产品的进口质量阶梯都呈现“拉长”的趋势，这与我国进口品质量阶梯的总体发展趋势是相符的，说明三类进口

品的整体结构都是朝着优化的方向发展。

对比三大类进口品的质量阶梯的绝对值，进口资本品的质量阶梯最长，其次是中间品和消费品。这是因为资本品的生产技术要求高，从各个国家进口的资本质量差异巨大，而价格对质量的反应程度要高于对中间品和消费品。相反，对中间品和消费品，技术要求要低于资本品，这带来这些产品的质量阶梯较小，产品价格与质量的相符度较低，企业和消费者的选择风险较大。

表 6-17 2002—2008 年按 BEC 分类标准：进口中间品、资本品和消费品的质量阶梯

SNA 分类	2002 年	2003 年	2004 年	2005 年	2006 年	2007 年	2008 年
资本品	0.516	0.548	0.560	0.568	0.543	0.583	0.622
中间品	0.484	0.492	0.511	0.524	0.535	0.548	0.578
消费品	0.387	0.410	0.435	0.441	0.461	0.471	0.490

6.7 中国进口品质量与产业产出的实证分析

基于上述进口品质量的估计结果，我们进一步建立如下的面板数据模型，从产业、洲际进口地理方向、BEC 分类三个角度，研究产业进口品质量对产业产出的影响。

$$Y_{it} = \beta_0 + \beta_1 Nquality_{it} + \delta + \varepsilon_{it} \qquad (6-1)$$

下标 i、t 表示产业和年份，δ 表示产业固定效应，β_0 为估计的常数项，ε_{it} 为残差项，二者的估计值反映了无法观测的影响因素的作用。

6.7.1 变量平稳性检验

在模型估计之前，我们首先对各个变量进行单位根检验，以保证模型估计结果的稳定性，检验结果显示在表 6-18 中。整体来看，所有变量基本都拒绝有共同单位根的假设。根据 PP - Fisher 检验，除 Nquality_ cap_ it 以外，其他变量均拒绝有个体单位根的假设。由此，可以认为这些变量都是平稳的，可以构建回归方程。

表 6－18　变量单位根检验结果

变量	原假设：共同单位根	原假设：个体单位根	
	Levin, Lin & Chu t	ADF－Fisher Chi－square	PP－Fisher Chi－square
LnY_{it}	－338.43***	41.37	71.95***
$Nquality_{it}$	－7.93***	62.36***	73.74***
Nquality_ iot_ 1	－4.64***	58.01***	92.57***
Nquality_ iot_ 2	－2.68***	39.00	48.36**
Nquality_ iot_ 3	－3.65***	48.37*	64.40***
Nquality_ iot_ 4	－4.03***	50.34**	69.23***
Nquality_ iot_ 5	－3.57***	40.43	52.30**
Nquality_ iot_ 6	－4.10***	47.27**	59.78***
Nquality_ cap_ it	－1.38*	15.79	15.89
Nquality_ mid_ it	－4.20***	60.26***	99.57***
Nquality_ con_ it	－3.48***	43.41*	80.86***

注：(1) lnY_{it}选择的检验方程包含个体截距，其他变量选择的检验方程不包含个体截距；

(2)“***”表示在1%水平下显著，“**”表示在5%水平下显著，“*”表示在10%水平下显著。

6.7.2　实证检验结果

根据式（6－1），我们从产业、洲际地理方向和BEC分类三个角度研究了进口品质量对产业产出的影响，结果显示在表6－19至表6－21中。表6－19显示，在未控制和控制产业固定效应的情况下，产业的进口品质量都对产业产出具有负向影响效应。进一步，我们分别研究了从六大洲的进口品质量对产业产出的影响，结果仍然为负，但在影响程度上具有差异性，以欧洲和亚洲影响程度最大。BEC分类来看，产业进口资本品、中间品和消费品的质量均对产业的产出产生负面影响。在负向影响效应上从高到低的顺序依次为消费品、中间品和资本品。

产业进口品质量对产业产出的负向影响与企业层面数据的研究结果恰恰相反。究其原因，企业进口中间品质量对企业生产率影响的研究都是基于中国工业企业数据，中国工业企业数据只包括规模以上的工业企业，产业内的中小企业型未包括在内。进口品对国内企业具有技术互补和竞争的双重效应，因此，高质量进口品对规模以上企业的生产形成互补，却会对中小型企业的生产形成很强的竞争效应。2002—2008 年是我国刚入世、面临国外强大竞争的时期，因此，如果竞争效应很强，就会呈现产业进口品质量对产业产出整体有负面影响，却对部分高效率企业生产效率具有正向影响的双重效应。因此，负向影响效应体现了高质量进口品对国内生产的替代程度，从洲际的影响效应可以看出对产业生产替代效应最大的是欧洲和亚洲的进口品。资本品进口对国内企业的替代效应最小，而消费品的替代效应是最大的。

根据我们对进口品质量的估计结果，2002—2008 年，我国大多数产业的进口品质量都是下降的，因此，开放后，外部的竞争反而减少，对国内企业形成的冲击降低，互补效应占优，促进了产业产出的增长。

表 6 - 19 产业进口品质量与产出回归结果

	(1)	(2)
β_0	10. 49*** (52. 8)	11. 13*** 30. 66
$Nquality_{it}$	- 1. 67*** (- 6. 13)	- 2. 61*** (- 5. 04)
N	118	118
R^2	0. 24	0. 81
Prob (F - statistic)	0	0
FE	no	yes

注："＊＊＊"表示在1%水平下显著，"＊＊"表示在5%水平下显著，"＊"表示在10%水平下显著。

表 6 - 20 产业从各大洲进口品质量与产出回归结果

	亚洲	非洲	欧洲	拉丁美洲	北美洲	大洋洲
β_0	10. 85*** (31. 45)	10. 58*** (30. 45)	11. 06*** (29. 4)	10. 65*** (32. 17)	10. 59*** (27. 28)	10. 28*** (28. 8)

续表

	亚洲	非洲	欧洲	拉丁美洲	北美洲	大洋洲
$Nquality_{it}$	-2.16*** (-4.51)	-1.72*** (-3.43)	-2.59*** (-4.7)	-1.95*** (-4.11)	-1.84*** (-3.33)	-1.51*** (-2.75)
N	118	111	118	118	118	118
R^2	0.8	0.77	0.81	0.8	0.79	0.78
FE	是	是	是	是	是	是

注："＊＊＊"表示在1%水平下显著，"＊＊"表示在5%水平下显著，"＊"表示在10%水平下显著。

表6-21 进口中间品、资本品和消费品质量与产业产出回归结果

	中间品	资本品	消费品
β_0	11.28*** (34.21)	9.63*** (25.99)	10.82*** (39.80)
$Nquality_{it}$	-2.16*** (-2.74)	-0.95*** (-1.36)	-2.27*** (-5.48)
N	118	55	118
R^2	0.8	0.79	0.81
FE	是	是	是

注："＊＊＊"表示在1%水平下显著，"＊＊"表示在5%水平下显著，"＊"表示在10%水平下显著。

6.8 结论

进口品的质量对一国经济发展至关重要，特别是我国现在强调"供给侧改革"，目的在于着力提高供给体系质量和效率，增强经济持续增长动力提高产品质量、技术水平，形成有效供给。这种情形下，进口品质量的提高成为必然。进口品质量的提高对国内生产效率高的大企业具有互补的同时，又会对经济实力较弱的小企业形成较强的竞争，带来这些企业产业的下降，若竞争效应为主，高质量进口品对国内产业的产出就会有降低的效应。本章从时间、产业、进口地理方向以及BEC分类标准分析了2002—2008年间我国进口品质量、进口性价比以及进口品质量阶梯的变化；进而基于进口品质量的估计结果，建立面板数据模型研究了进口品质量对产业产出的影响。研究结果显示：

从时间变化的角度来看，2002—2008 年，虽然我国进口品总体质量是略有下降的，但进口性价比总体却是上升的，进口的质量阶梯总体也呈现“拉长”趋势，进口的价格与质量的相关性增强。这说明，从进口品垂直差异化的角度来看，我国进口商品结构朝着优化的方向发展。

从产业的角度来看，2002—2008 年，我国 17 个产业中，进口品质量呈上升趋势的产业有农林牧渔业，煤炭、石油、天然气开采、加工业，采矿业，金属制品业，通用、专用设备制造业，电气机械及器材制造业，交通运输设备制造业和工艺品及其他制造业，其他产业的进口品质量的均值都呈现下降的趋势；除采矿业、交通运输设备制造业两个行业的进口性价比略有下降外，其他行业的进口性价比都是上升的，与进口品质量变化相比，进口性价比上升的产业分布更广。除煤炭、石油、天然气开采、加工业在 2008 年进口品质量阶梯有微小下降趋势外，其余 16 个产业的进口品质量阶梯都呈现“拉长”的趋势。

从进口地理方向的角度来看，2002—2008 年我国从各大洲进口品质量都是呈下降的趋势。对比从各大洲进口品的质量均值，按照从高到低的顺序，2002 年进口品质量最高的在亚洲地区，到 2008 年，则改变为北美洲。但我国进口性价比最高的地理方向集中在欧洲和北美洲。从进口质量阶梯的绝对值上来看，我国进口品质量按从长到短的顺序排列，依次为拉丁美洲、欧洲、大洋洲、非洲、北美洲和亚洲。对比欧洲和北美洲地区，虽然都是发达国家，且进口品的质量平均水平都较高，但从这些国家进口品质量阶梯差异是很大的，欧洲地区的进口品质量阶梯要大大地高于北美地区的进口品，欧洲地区进口品的价格质量相符度较高，因此，从进口性价比以及质量阶梯的角度应该扩大从欧洲地区的进口。

从 BEC 分类的角度来看，2002—2008 年，我国进口资本品、中间品的质量呈现上升趋势，而我国进口消费品的质量略有下降；而三大类产品的进口性价比、进口质量阶梯都呈现“拉长”的趋势。进口商品结构朝着更为优化的方向发展。

我们进一步基于产业层面的数据，从产业、洲际地理方向、BEC 分类三个角度研究了进口品质量对产业产出的影响。所有的回归结果均显示了进口品质量对产业产出的负向影响。这一回归结果与对规模以上企业层面数据的研究结论相反。异质性企业揭示行业内的企业在生产效率是有差异的，进口对高效率的企业生产形成互补，会提高产业产出，也会对同一产业内的低效率企业形成竞争效应，导致其退出市场，降低产业产出。我们选择的样本期间是刚刚入世后的 2002—2008 年，回归结果为负，但对质量的分析结果显示，总体以及行业的进口品质量大多呈现下降的趋势，说明了入世后，进口对国内小企业的互补效应为主，竞争效应为辅，进口品质量反而促进了行业的产出上升。

7 新进口中间投入品与国内企业产品创新

7.1 引言

党的十九大报告指出，我国经济已由高速增长阶段转向高质量发展阶段，新的发展阶段离不开供给端的创新驱动，而高水平的引进，尤其是进口中间投入品从弥补国内技术差距、提升中间投入要素质量渠道促进产品创新。

大量的文献从理论和实证上研究了进口中间投入品对我国全要素生产率和新产品创新的作用，由于进口中间投入品有一直存在的中间投入品和新引进的中间投入品，两者相对于一国现有技术的先进程度是不同的，这引起对国内新产品研发成本降低以及“干中学效应”的发挥也是不同的。未对新进口中间投入品和一直存在的中间投入品进行区别的情况下，进口中间投入品对新产品创新的影响效果是不确定的，例如，Liu 和 Larry（2016）、张杰和郑文平（2017）发现了进口中间品贸易对中国本土企业的创新活动造成了抑制效应，而纪月清等（2018）、耿晔强和郑超群（2018）的研究结论表明进口中间品对企业产品创新具有促进作用。因此，本章首先提出新进口中间投入品的识别程度，区别了进口中间投入品中新出现的、一直存在的和消失的进口中间投入品种类；其次，在内生经济增长理论框架下，基于 Goldberg 等（2010）、Colantone 和 Crinò（2014）的模型框架，本章将 2000—2006 年海关数据与中国工业企业数据相匹配，研究企业新进口中间投入品对其产品创新的作用，评估我国进口中间品的动态贸易利得。

除文献回顾外，第三部分是对我国2000—2011年进口中间品种类变化的描述性统计分析，在这一部分提出了新进口中间投入品种类的识别方法，描述了此期间我国新的、消失的和一直存在的进口中间投入品种类概况；第四部分分析了1998—2009年我国规模以上企业新产品创新概况；第五部分建立实证模型研究企业新进口中间投入品对其产品创新的影响效应；第六部分通过构建能够反映产业之间“关联效应”的新进口中间投入品引进率指标，对第五部分的实证模型进行稳健性检验；第七部分是本章的结论，并提出相应的政策建议。

7.2 文献回顾

在内生经济增长理论框架下，贸易与经济增长的研究结论说明新产品创新是长期经济增长的源泉（Acemoglu，2009，Aghion，和 Howitt，1998，2005），而贸易通过进口本国不能生产的包含新知识及技术、高质量的中间品而促进了一国新产品的引进（River - Batiz 和 Romer，1991），新的进口中间品通过降低国内R&D成本（Grossman 和 Helpman 1989）、干中学效应（Young，1991）促进国内产品创新，成为一国技术进步的重要来源。

大量文献研究了进口中间投入品与TFP之间的关系。理论模型包括：Ethier（1982）认为新进口中间投入品的引入，提高了资源利用的专业化程度，提高劳动生产率；Markusen（1989，1990）、Romer（1987）通过引入中间投入品生产的规模经济，得到新进口中间投入品的引进促进了一国的劳动生产率。与Markusen（1989，1990）和Romer（1987）的做法不同，Feenstra 和 Markusen（1994）将进口中间投入品多样化指数引入GDP函数中，建立了新进口中间投入品种类提高全要素生产率的理论模型。实证研究结果证明了进口中间投入对全要素生产率的促进作用。Feenstra 等（1992）的实证研究结论表明韩国企业进口中间投入品对其全要素生产率的提高有正向促进作用。Amiti 和 Konings (2007) 利用印度尼西亚的数据研究了进口中间投入品关税下降对劳动生产率改进的作用，得出中间投入品进口关税的下降通过学习、多样化以及质量效应来促进劳动生产率的提高。Kasahara 和 Rodrigue (2008) 的研究结论发现智利制造业企业的进口中间投入品显著地提高了其全要素生产率。基于中国企业数据的研究结论同样说明了进口中间品对企业全要素生产率的促进作用（楚明钦和丁平，2013)。一国进口中间品多样化的贸易利得包括静态和动态贸易利益（Goldberg 等，2010)[4]，前者是指进口本国不能生产的包含新知识及技术的中间品提高进口国的全要素生产率和劳动生产率（Feenstra 和 Markusen，1992)，后者是指进口新的中间品降低国内创新成本，通过提高产品创新而促进技术进步。因此，上述研究表明，进口中间品是一国获得技术外溢的重要渠道，但只是涉及其静态贸易利益，进口中间品的动态贸易利益更为重要。由于新产品只是引起全要素生产率提高的一个促进因素（Goldberg 等，2010)，因此，中间品进口促进了全要素生产率的提高，并不能说明一定促进了新产品创新，因此需要直接研究进口中间品的产品创新效应，直接评估进口中间品的动态贸易利得。

以中国各地区专利申请授权数表示创新，李平和姜丽（2015）基于省级面板数据的研究结果发现进口中间品对我国技术创新有显著的促进作用；Liu 和 Larry（2016）基于 1998—2007 年中国工业企业数据的研究结论发现，进口中间品关税的下降带来了企业产品创新的减少；通过将海关数据和中国工业企业数据的匹配，张杰和郑文平（2017）同样发现了中国与发达国家开展的进口贸易对中国本土企业的创新活动造成了显著的抑制效应，以中国的经验数据验证了“全球价值链俘获效应假说”；不同于张杰和郑文平（2017)，沈国兵和张勋（2018）进一步结合 WIOD 投入产出，聚焦了中间品进口通过行业之间投入产出渠道对中国企业新产品创新的影响，发现中间品进口通过行业内水平渗透率和行业间前向联系对中国企业创新产生抑制作用，而通过行业间后向联系对中国企业创新产生促进作用；纪月清等（2018）的研究结论表明进口中间品的垂直和水平技术溢出效应均会对企业产品创新具有显著的正向影响；耿晔强和郑超群（2018）将中间品贸易自由化、进口中间品多样性纳入统一的分析框架，发现进口中间品关税的下降促进了企业创新，尤其是在进口多样性水平提高以后，对企业产品创新的激励作用增强。

上述研究中未区别一直存在的和新的进口中间品在一国产品创新中的不同作用。对进口国而言，相较于一直存在的进口中间品投入品，新进口中间投入品蕴含的“技术补缺效应”和“质量提升效应”更大。Goldberg 等（2010）首次直接用新产品种类度量新产品创新，其研究结论说明，1989—1992 年，印度中间投入品关税的下降带来其国内企业的产品种类范围增长了 32%，而这主要是由关税下降带来的新中间投入品种类增长带来的，而不是一直存在的进口中间投入品种类进口价格的下降，但 Goldberg 等（2010）并未研究进口中间投入品种类的增长促进国内产品创新的传导机制。Colantone 和 Crinò（2014）利用1995—2007 年 25 个 EU 国家层面面板数据，研究了新进口中间投入品种类对新产品创新的影响以及在规模效应和质量效应两个传导机制各自的重要性。

目前尚没有文献研究我国新进口中间投入品种类与我国企业新产品创新关系，作为对现有文献的有益补充，本章在提出新进口中间投入品识别程序的基础上，进一步将 2000—2006 年海关数据与中国工业企业数据相匹配，首次研究了我国企业新进口中间投入品与新产品创新之间的关系。

7.3 2000—2011 年中国进口中间投入品种类变化的描述性统计分析

7.3.1 新进口中间投入品种类的识别方法及程序

基于海关数据，我们首先从所有进口品中识别出进口中间品；其次，进一步区分新的进口中间投入品与一直存在的进口中间投入品。

第一步，识别进口中间投入品。

联合国经济与社会理事会统计司《按经济大类分类》提供的 BEC①分类标准，以及 BEC 与 HS02 协调编码中的 HS 6 位编码的匹配标准②，将中间投入品从所有进口品中分离出来。具体而言，中间投入品包括：BEC41（运输设备除外的资本货物）、BEC42（除运输设备外的资本货物零配件）、BEC22（加工的工业制成品）、BEC521（工业用途的运输设备及其零配件）、BEC53（运输设备零配件）、BEC32（加工的燃料和润滑剂）、BEC121（加工的工业用途的食品和饮料）。

由于中国海关数据是 HS 8 位编码，我们首先将 HS 8 位编码进口品按时间和国家相同进行加总到 HS 6 位编码国别进口总额，进而将 HS 6 位编码与 BEC 编码相对应，得到基于 HS 6 位编码的进口中间投入品数据；最后将 HS 6 位编码下的 8 位编码与 HS 6 位编码相对应，得到相应的 HS 8 位编码的进口中间投入品。

---

① 按广泛经济类别分类（Classification by Broad Economic Categories，BEC）是联合国统计局制订、联合国统计委员会审议通过、联合国秘书处出版颁布，其目的是按照国际贸易商品的主要最终用途或经济类别（资本品、中间产品和消费品）对国际贸易 SITC 数据的基本项目编号进行综合汇总。BEC 分类采用 3 位数编码结构。第三次修订本把全部国际贸易商品分为 7 大类：食品和饮料、工业供应品、燃料和润滑油、资本货物（运输设备除外）及其零附件、运输设备及其零附件、其他消费品、未列名货品；7 大类分为 19 个基本类，按最终用途汇总为资本品、中间产品和消费品三个门类。

② 参考资料：http：//unstats. un. org/unsd/publication/SeriesM/SeriesM_ 53rev4c. pdf。

第二步，获得进口中间投入品种类。

定义一个 HS 8 位编码对应为的一个产品 h，从一个国家 c 进口的产品 h，为产品种类 v_{hc}。据此，根据海关数据中的 HS 8 位编码与进口来源国，可以获得每个 HS 8 位编码产品的进口品种类。

第三步，识别新的、一直存在的和消失的进口中间投入品种类。

表 7 - 1 提供了识别进口中间投入品种类中新的、消失的和一直存在的进口中间投入品的程序。根据表 7 - 1，相比较于上一年，一年新出现的进口中间投入品种类可以来自三个渠道：①从新的贸易伙伴国进口了新的中间品；②从原有的伙伴国进口了新的产品；③从新的伙伴国进口了以前的中间投入品。消失的进口中间投入品种类也来自这三个渠道，而一直存在的进口品定义为从一直存在的进口国进口的不变的进口品。

表 7 - 1　新进口中间投入品种类的识别

HS 8 产品 / 进口来源国	新	旧
新	新	新
旧	新	旧

7.3.2　2000—2011 年中国进口中间投入品种类的变化情况

根据上述方法，基于海关数据对 2000—2011 年我国进口中间投入品种类的总体变化情况进行分析（见表 7 - 2）。

7.3.2.1　新进口中间投入品种类

从表 7 - 2 可以看出，2000—2011 年，每年我国新出现的进口中间投入品种类总数从 2001 年的 12900 种增加到 2011 年 17382 种。这些新出现的进口中间投入品种类在我国总进口中间投入品种类数中的占比从 2001 年的 21.2% 上升到 2007 年的 23.6%，之后有所下降，2011 年为 20.9%，这说明尽管我国每年进口中间投入品都在增加，但增加的速度要小于进口中间投入品种类总数的增加速度。究其原因在于，我国在入

表 7-2 2000—2011 年中国进口品中间投入品种类变化总体情况（直接计数法）

	新出现的					消失的		一直存在的	
年份	(1)	(2)	(3)	(4)	(5)	(1)	(2)	(1)	(2)
2001	12900	21.2	47.7 (2.8)	3551	175	11457	46.2 (2.8)	47926	1629.5 (97.2)
2002	19887	28.6	40.2 (2.4)	3912	189	11119	19.4 (1.2)	49707	1657.9 (97.6)
2003	24463	33.9	74.5 (3.1)	4053	195	13105	70.4 (3.0)	47721	2295.4 (96.9)
2004	16349	21.7	42.1 (1.0)	3942	198	13139	23.9 (0.6)	59045	4139.4 (99.0)
2005	17252	22.2	109.6 (2.2)	3957	197	14970	88.8 (1.8)	60424	4912.8 (97.8)
2006	17790	22.3	294.9 (4.9)	4026	201	15567	243.9 (4.1)	62109	5749.9 (95.1)
2007	18181	23.6	214.9 (3.7)	3776	206	20907	148 (2.1)	58992	5602.3 (96.3)
2008	16791	21.5	301.5 (4.1)	3771	212	15917	287.3 (4.0)	61256	6984.6 (95.9)

续表

年份	新出现的					消失的		一直存在的	
	(1)	(2)	(3)	(4)	(5)	(1)	(2)	(1)	(2)
2009	16277	21.0	194.9 (3.1)	3776	207	16841	166.3 (2.6)	61206	6169.8 (96.9)
2010	18544	22.7	117.8 (1.4)	3863	213	14460	73.9 (0.9)	63023	8444.9 (98.6)
2011	17382	20.9	158.1 (1.5)	3849	215	15826	77.9 (0.7)	65741	10446 (98.5)

注:1. (1)总种类数;(2)在中间品进口种类总数中的占比(%);(3)进口总额(亿美元)及在中间品进口总额中的占比(%);(4)HS8位编码数;(5)进口来源国数。

2. 各年新的、一直存在和消失的进口中间投入品种类的变化是下一年与上一年比较的结果,例如2001的结果是2001年的进口中间品种类与2000年的比较结果,因此标题是2000—2011年的中间品进口种类的变化,但表中显示的比较结果是2001—2011年期间。

资料来源:根据海关数据统计。

世之初，无论是在以 HS 8 位编码表明的进口品还是进口来源国上都会呈现快速增加，2003 年新出现的进口中间投入品种类一度增加到 33.9%，之后随着进口品和进口地理方向扩大的局限性，新的进口中间投入品种类数必然会逐步下降。表 7－2 中第 5 列和第 6 列显示了各年新增加的进口中间投入品涉及的 HS 8 位编码个数和进口来源国数，从中可以看出 2003 年我国新增加的进口中间品涉及的 HS 8 位编码产品数最多，达到 4053 个，进口来源国为 195 个，之后我国新增加的进口中间投入品进口地理方向不断扩大，到 2011 年为 215 个，但涉及的 HS 8 位编码不断减少，这也带来我国新增加的进口中间投入品种类的占比不断减少。

尽管我国新增加的进口中间投入品种类占比很大，但表 7－2 第 4 列显示了新增加的进口中间投入品的进口额以及在进口中间投入品进口总额中的占比却很小。2001 年新增加的进口中间投入品总额为 47.7 亿美元，在 2008 年次贷危机时为 301.5 亿美元，但次贷危机之后，新增加的进口中间投入品迅速下降，到 2011 年时仅为 158.1 亿美元。对进口额占比的分析显示，这些新增加的进口中间投入品的进口总额在进口中间投入品进口总额中的占比是非常小的，不足 5%。这些说明尽管我国进口中间投入品涉及的进口品和进口地理方向都是在不断扩大的，但新增加的进口中间投入品，或从新的进口国进口的中间投入品进口额还是很小的。根据 Broda 和 Weinstein（2006）进口中间投入品种类要发挥对经济的正向福利效应，扩大单个进口中间投入品种类的进口额是非常重要的。

7.3.2.2 消失的进口中间投入品种类

2000—2011 年，每一年我国消失的进口中间投入品种类总数从 11457 个增加到 2007 年的 20907 个，之后下降到 15826 个。对比各年我国消失的进口中间投入品种类和新增加的进口中间投入品种类总数，除 2009 年前者略大于后者外，其余年份，新增加的进口中间投入品种类大于消失的进口中间投入品种类，我国进口中间投入品种类总数是净增加的。新增加的进口中间投入品种类降低进口中间投入品的进口价格指数，而消失的进口中间投入品种类会提高进口中间投入品种类的价格指数，所以我国进口中间投入品种类的变化时有利于降低进口中间投入品的总体进口价格指数，会提高我国的福利水平。

7.3.2.3　一直存在的进口中间投入品种类

表 7－2 的最后两列列举了 2000—2011 年我国一直存在的进口中间投入品种类的总数以及在进口中间投入品总额中的占比，它表明了我国从传统进口来源国进口的传统产品情况。2000—2011 年，每一年我国对传统市场的进口中间投入品种类总数从 2001 年的 47926 增加到 2011 年的 63023，这些传统进口中间投入品种类在中间投入品进口总额中的占比也从 2001 年的 97.2% 增加到 2011 年的 98.5%。这说明，随着我国进口中间投入品种类的不断增加，我国进口中间投入品对传统市场的传统产品的依赖越来越大。

7.4　1998—2009 年中国企业产品创新概况

表 7－3 提供了 1998—2009 年中国工业企业数据中我国规模以上工业企业产品创新情况。根据表 7－3，1998—2009 年，我国规模以上工业企业中产品创新的企业个数从 11868 家增加到 26214 家，增加了 121%，而这些企业的新产品产值从 5.36 亿元增加到了 44.97 亿元，增长了 739%。这些数据表明，随着我国改革开放的逐步深入，企业自主产品创新有了很大的进步。

表 7－3　1998—2009 年我国规模以上工业企业产品创新情况

年份	有产品创新的企业个数	新产品产值（亿元）
1998	11868	5.36
1999	11142	6.06
2000	11216	8.02

续表

年份	有产品创新的企业个数	新产品产值（亿元）
2001	11614	9.06
2002	11931	11.16
2003	12003	14.07
2004	na	na
2005	26051	24.86
2006	29830	33.89
2007	28415	42.21
2008	na	na
2009	26214	44.97

资料来源：中国工业企业数据库。

上述分析显示，我国新的进口中间投入品种类的变化与我国企业产品创新呈现上升的趋势，二者之间是否有必然的联系呢？进口中间投入品种类是否对我国企业的产品创新起到促进作用呢？对此问题的回答，有利于我国正确认识进口外贸利益，为我国进口贸易政策的制定和执行提供依据。下一节，我们将中国海关数据与中国工业企业数据相匹配，研究企业新进口中间投入品种类对其产品创新的影响效应。

7.5 中国企业新进口中间投入品对其产品创新影响的实证分析

根据 Colantone 和 Crinò（2014）的模型框架，我们建立如下的实证模型。

7.5.1 基本回归模型

$$NP_{it} = \beta_i + \beta_t + \beta_1 NII_{it-1} + \beta_2 X_{it} + \varepsilon_{it} \tag{7-1}$$

其中下标 i 表示企业 i，t 表示年份；β_i 是企业固定效应，β_t 是时间固定效应，ε_{it} 是误差项；NP_{it} 表示 t 时期企业 i 的新产品创新率，$NP_{it} = NNP_i/NP_i$，NNP_i 表示企业 i 的新产品的产值，NP_i 表示企业 i 中的所有

产品产值；NII_{it} 反映 t 年企业 i 的新进口中间投入品种类引进率，具体的计算指标为：$NII_{it-1} = NNI_i/NI_i$，NNI_i 表示企业 i 新的进口中间投入品种类数，NI_i 是企业 i 所有进口中间投入品总数，X_{it} 是其他控制变量，包括企业人均资本（capp）和企业人均工业增加值（vadper）。

7.5.2 数据的处理及实证结果

7.5.2.1 数据的处理

依据中国海关数据可以得到企业新进口中间投入品种类变化情况，而中国工业企业数据提供了企业新产品产值数据，所以可以将二者相匹配，从而分析企业的新进口中间投入品对新产品创新的影响。由于中国海关数据只有2000—2006年提供了企业的信息，我们只能将此期间的数据进行匹配，二者共有企业信息有企业名称、企业的联系人和邮编、企业的电话、邮件以及传真。虽然企业的电话、邮件以及传真在两个数据库中都有，但各年存在很大差异：如2000年、2001年的数据中国工业企业数据库中是只有电话、无区号，但海关数据采用的是区号加电话号码的表示方法。因此，我们最终匹配依据的是企业名称、企业的联系人和邮编三项指标。

表7-4显示了2001—2006年各年匹配成功的企业数以及相应的新产品产值。结果显示，2001—2006年匹配成功的企业数据从2747增加到4651，涉及的新产品产值从5.69亿元增加到20亿元。虽然这些匹配成功的有产品创新的企业个数只占了有产品创新企业总数的20%左右，但这20%企业的新产品产值却占了所有规模以上企业新产品产值的近60%。这说明这些匹配成功企业的新产品产值在有产品创新的所有企业中属于产品创新规模较大的，数据匹配结果能够反映新进口中间投入品种类对其产品创新的影响。

表 7－4 匹配成功的有产品创新的规模企业情况

年份	企业个数	有产品创新的企业总数中的占比	新产品产值（亿元）	在所有企业新产品产值占比
2001	2747	23.7%	5.69	62.8%
2002	2628	22.0%	6.96	62.4%
2003	2556	21.3%	8.35	59.3%
2005	4222	16.2%	13.77	55.4%
2006	4651	15.6%	20.09	59.3%

资料来源：根据海关数据和中国工业企业数据统计。

7.5.2.2 实证结果

（1）企业数据混合回归结果

根据模型（7－1），表 7－5 显示了将所有企业数据混合在一起的回归结果。1～4 列分别是未控制年份和企业固定效应、控制年份固定效应、控制企业固定效应，以及同时控制年份和企业固定效应的估计结果。可以看出在这四种不同的情形下，企业的新进口中间投入品种类对新产品的创新都有显著的正向效应。在同时控制住年份和时间固定效应的情况下，企业的新进口中间投入品种类数每增加 1%，会带来新产品创新率增加 1.29%。这些说明我国作为发展中国家，产品创新对新进口中间投入品的依赖是很大的，新进口中间投入品是促进我国企业产品创新，获得持续经济增长的重要源泉。

为进一步验证模型结论的稳定性，我们在模型中进一步增加了企业人均资本（capp）和企业人均工业增加值（vadper），发现在增加其他控制变量后，无论是控制年份固定效应还是时间固定效应，新进口中间投入品对企业产品创新都具有显著的正向促进作用，而企业的人均资本对企业的新产品创新都不具有显著影响，而在没有控制时间和企业固定效应以及仅控制时间固定效应的情况下，企业人均工业增加值对企业的新产品具有正向促进作用，但在控制企业固定效应情况下，不具有显著影响。这说明现阶段而言，相对于企业的人均资本以及人均工业增加值，新的进口中间投入品对我国企业的新产品创新的影响是主要的。这

表 7-5　企业新进口中间投入品种类对新产品创新作用

	(1)	(2)	(3)	(4)	(5)	(6)	(7)	(8)
NII	0.161*** (9.10)	0.190*** (10.64)	0.0897*** (3.08)	0.110*** (3.67)	0.205*** (8.42)	0.158*** (2.97)	0.234*** (9.53)	0.187*** (3.39)
capp					0.0171 (0.43)	-0.0863 (-1.38)	-0.0134 (-0.33)	-0.0907 (-1.42)
vadper					0.743*** (5.13)	0.249 (0.52)	0.738*** (5.10)	0.152 (0.32)
_cons	0.000041*** (105.74)	0.000036*** (50.51)	0.000042*** (120.57)	0.000040*** (45.79)	0.000040*** (76.06)	0.000042*** (47.14)	0.000037*** (42.67)	0.000040*** (30.10)
year effects	No	Yes	No	Yes	No	No	Yes	Yes
fe	No	No	Yes	Yes	No	Yes	No	Yes
N	16702	16702	16702	16702	9733	9733	9733	9733
R^2	0.01	0.02	0.01	0.02	0.02	0.01	0.02	0.01

注：(1)因变量：NP_{it}。

(2)回归系数下方括号中表示的是 t 值，“*”“**”“***”分别表示 10%、5% 以及 1% 下的显著性水平。

一研究结论更加说明了在扩大开放的过程中，降低进口中间投入品关税带来的新进口中间投入品种类数的增加给我国带来的潜在动态贸易利益是很大的。对企业而言，新进口中间投入品作为新技术的代表，融入企业的生产环节，弥补了技术差距，促进了其产品创新。

（2）按企业性质分新进口中间投入品对产品创新的作用

我国现阶段是多种性质企业混合的经济，对不同性质的企业来说，新进口中间投入品种类与新产品创新都是不同的，并且我国现阶段处于国有企业改革的关键阶段，把握国有企业产品创新的影响因素更为重要。为此，我们分企业性质研究了新进口中间投入品对其新产品创新的影响效应。

根据表 7 -6 可以看出，在同时控制企业固定效应、时间固定效应的情况下，对不同性质的企业，新进口中间投入品对产品创新的影响效应具有很大的差异。在我们的样本范围内，新进口中间投入品对其产品创新具有显著影响的企业类型只有国有企业和中外合资企业，而对中外合作、外商独资、集体企业以及私营企业，新进口中间投入品对其新产品创新的影响并不显著。对国有企业的产品创新而言，除新进口中间投入品能发挥正向促进作用外，企业人均资本（capp）的作用更为重要。而对中外合资企业而言，新进口中间投入品对其新产品创新发挥主要促进作用，企业人均资本没有显著影响。因此，回归结果表明，对我国现阶段国有企业的产品创新而言，要降低进口中间投入品的关税，促进企业进口新的进口中间品以及扩大进口来源国，获得更多新的进口中间投入品种类，这会有利于其新产品的研发，获取新的企业产出增长；其次，对国有企业的产品创新，资本/劳动比率的提升更为重要，提高资本投入，是企业进行研发、开发新产品的有利支撑。

对比新进口中间投入品对新产品创新的影响程度，新进口中间投入品对中外合资企业的新产品创新的促进作用超过对国有企业的促进作用。对私营企业而言，产品创新更多依靠自身的资本实力的提高，而新进口中间投入品的影响不具有显著性。而中外合作、对外商独资企业而言，新进口中间投入品种类对其新产品创新不具有显著影响，说明其产品创新主要发生在母国，东道国子公司的进口中间投入品以及资本实力因素对其新产品创新没有影响。

表 7－6　按企业性质分新进口中间投入品与产品创新

	(1)	(2)	(3)	(4)	(5)	(6)
	国有企业	中外合资	中外合作	外商独资企业	集体企业	私营企业
NII	0. 130** (2. 04)	0. 306*** (2. 68)	－0. 329 (－0. 68)	0. 0205 (0. 21)	0. 178 (1. 05)	0. 320 (0. 60)
capp	0. 498*** (3. 07)	－0. 124 (－1. 30)	0. 813 (0. 44)	0. 320 (0. 52)	－0. 704 (－1. 16)	1. 642* (1. 68)
vadper	1. 017 (1. 33)	0. 140 (0. 16)	1. 943 (0. 29)	－0. 319 (－0. 37)	1. 159 (0. 63)	－0. 583 (－0. 23)
_ cons	0. 0000235*** (16. 87)	0. 0000473*** (15. 32)	0. 0000371*** (5. 73)	0. 0000541*** (14. 41)	0. 0000363*** (13. 34)	0. 0000453*** (8. 82)
N	2341	3207	189	1767	829	1392
year effects	Yes	Yes	Yes	Yes	Yes	Yes
fe	Yes	Yes	Yes	Yes	Yes	Yes
R^2	0. 08	0. 02	0. 0009	0. 005	0. 002	0. 005

注：(1) 因变量：NP_{it}。

(2) 回归系数下方括号中表示的是 t 值，“*”“**”“***”分别表示 10%、5% 以及 1% 下的显著性水平。

(3) 产业新进口中间投入品种类对其新产品创新的作用

进一步我们将企业合并到各个产业中，利用产业混合面板数据研究产业总体的新进口中间投入品对其产品创新的影响，回归结果报告在表 7－7中。从表 7－7 可以看出，产业新进口中间投入品对其产品创新具有显著影响。同时在产业层面，产业人均资本（capp）以及产业人均工业增加值（vadper）对其产品创新的影响具有显著性。因此，企业的人均资本以及人均工业增加值之所以对其新产品创新不具有显著影响，还是与我国企业的总体资本量较少，以及工业增加值较少，尚未达到对新产品创新的支撑作用。

表 7－7 产业新进口中间投入品对新产品创新的影响

	(1)	(2)	(3)	(4)	(5)	(6)	(7)	(8)
NII	2.475*** (24.76)	2.410*** (24.66)	1.065*** (4.83)	1.102*** (5.18)	2.242*** (19.82)	0.387 (1.44)	2.219*** (19.86)	0.619** (2.32)
CAPP					0.000102*** (21.30)	0.000123*** (15.97)	0.0000601*** (11.22)	0.0000430*** (4.21)
VADPER					0.0000946*** (9.19)	0.0000578*** (4.45)	0.0000848*** (7.79)	0.0000494*** (3.60)
_cons	0.374***	0.341***	0.389***	0.365***	0.315***	0.328***	0.317***	0.350***
	(177.17)	(96.66)	(148.01)	(85.01)	(100.00)	(70.87)	(72.58)	(55.64)
year effects	No	Yes	No	Yes	No	No	Yes	Yes
FE	No	No	Yes	Yes	No	Yes	No	Yes
N	16706	16706	16706	16706	12488	12488	12488	12488
R^2	0.05	0.09	0.05	0.08	0.10	0.07	0.12	0.09

注：(1) 因变量：NP_{it}。

(2) 回归系数下方括号中表示的是 t 值，“＊”“＊＊”“＊＊＊”分别表示 10%、5% 以及 1% 下的显著性水平。

7.6 稳健性检验

由于企业 i 不仅使用其所在产业自身的进口中间投入品，也会使用其他产业的，所以要真实反映新进口中间投入品对产品创新的作用，应该构建一个能够反映产业之间“关联效应”的新进口中间投入品引进率指标，该指标用 $NIIov_{it-1}$ 表示，具体计算方法为：

$$NIIov_{it-1} = \sum_{j} \varphi_{ij} NII_{jt}$$

其中 NII_{jt} 是企业 j 新的进口中间投入品种类数在自身所有进口中间投入品总数中的占比，φ_{ij} 是企业 j 的新的进口中间投入品进口额在所有企业的中间投入品进口总额中的占比。

表 7－8 和表 7－9 是我们将 NIIOV 指标替代 NII 指标后分别基于企业数据和产业数据的混合回归结果。可以看出当用能够反映产业之间“关联效应”的新进口中间投入品引进率指标 NIIOV 指标替代 NII 指标后，新进口中间投入品对新产品创新的引进仍然有显著的正向促进作用。这说明了模型回归结果具有显著性。

表 7-8 NIIOV 指标替代 NII 指标稳健性检验结果——企业数据混合回归

	(1)	(2)	(3)	(4)	(5)	(6)	(7)	(8)
NIIOV	0.502*** (3.40)	0.520*** (3.52)	0.705*** (3.63)	0.717*** (3.69)	0.391*** (2.34)	0.724*** (2.65)	0.413** (2.48)	0.740*** (2.71)
capp					0.000218 (0.55)	-0.000923 (-1.48)	-0.0000107 (-0.03)	-0.000927 (-1.45)
vadper					0.00835*** (5.77)	0.00174 (0.37)	0.00841*** (5.81)	0.000944 (0.20)
_cons	0.000000419*** (116.31)	0.000000385*** (55.94)	0.000000422*** (190.57)	0.000000411*** (53.77)	0.000000416*** (83.65)	0.000000432*** (60.86)	0.000000392*** (47.52)	0.000000427*** (38.04)
year effects	No	Yes	No	Yes	No	No	Yes	Yes
FE	No	No	Yes	Yes	No	Yes	No	Yes
N	16702	16702	16702	16702	9733	9733	9733	9733
R^2	0.0005	0.006	0.0005	0.003	0.008	0.0004	0.01	0.001

注：(1)因变量：NP_{it}。

(2)回归系数下方括号中表示的是 t 值，“*”“**”“***”分别表示 10%、5% 以及 1% 下的显著性水平。

表 7－9　NIIOV 指标替代 NII 指标稳健性检验结果——产业数据混合回归

	(1)	(2)	(3)	(4)	(5)	(6)	(7)	(8)
NIIOV	25. 31*** (16. 86)	27. 68*** (18. 96)	9. 134*** (4. 25)	12. 63*** (6. 08)	22. 33*** (12. 76)	6. 766** (2. 41)	27. 78*** (15. 97)	13. 95*** (4. 95)
CAPP					0. 0000968*** (19. 97)	0. 000122*** (15. 89)	0. 0000474*** (8. 70)	0. 0000362*** (3. 50)
VADPER					0. 0000885*** (8. 52)	0. 0000554*** (4. 25)	0. 0000726*** (6. 63)	0. 0000426*** (3. 10)
_cons	0. 393*** (206. 58)	0. 357*** (103. 55)	0. 397*** (307. 72)	0. 373*** (98. 75)	0. 335*** (112. 43)	0. 330*** (86. 47)	0. 335*** (78. 94)	0. 354*** (60. 75)
year effects	No	Yes	No	Yes	No	No	Yes	Yes
FE	No	No	Yes	Yes	No	Yes	No	Yes
N	16706	16706	16706	16706	12488	12488	12488	12488
R^2	0. 04	0. 08	0. 04	0. 07	0. 08	0. 06	0. 11	0. 10

注:(1)因变量:NP_{it}。

(2)回归系数下方括号中表示的是 t 值,"＊""＊＊""＊＊＊"分别表示 10%、5% 以及 1% 下的显著性水平。

7.7 结论与政策建议

新经济增长理论强调了产品创新对一国长期持续经济增长的重要性，而关于贸易与经济增长的文献研究结论进一步揭示了新的进口中间投入品种类会促进一国产品创新。

本章通过将 HS 8 位海关编码与 BEC 分类相匹配，首先基于海关数据分析了 2000—2011 年我国进口中间投入品种类的变化，发现此期间我国新的进口中间投入品种类大大增长，每年新增加的进口中间投入品种类占当年进口中间投入品种类总数的 20% 以上，新增加的进口中间投入品的进口总额在进口中间投入品进口总额中的占比达到 5%。其次，通过将海关数据与中国工业企业数据相匹配，建立实证模型研究了我国企业的新进口中间投入品对其新产品创新的影响。实证研究结果表明：①按企业性质的回归结果而言，仅在国有企业和中外合作企业，新进口中间投入品对其新产品创新具有显著正向促进作用，而对其他性质的企业而言，没有显著的促进作用。②企业和产业的混合面板数据回归结果说明，新进口中间投入品促进了新产品的生产，这表明新的进口中间投入品作为新的技术的代表，融入企业的生产环节，弥补了技术差距，促进了新产品的创新。

上述研究结论说明，伴随我国对外开放程度的加深，实施高水平的引进政策中，首先，相比较于一直存在的进口中间品种类，要加强对新进口中间投入品种类的引进，这需要增加新的进口中间品并扩大其进口地理方向。其次，加大国有企业以及中外合资企业的新进口中间投入品的引进，对其产品创新具有重要意义。由于外资企业将研发大都放在国外，进口中间投入品并未对其产品创新产生作用。最后，尽管在产业总体上，新进口中间投入品促进新产品创新，但具体到企业，要发挥促进作用，还依赖于企业自身的规模实力，我国企业的创新仍受制于自身的资金实力小、研发资金投入不足，需要在高水平引进政策实施的过程中，扩大企业的规模，增加配套的研发资金的投入是根本。

8 中国出口品多样化的贸易利益评估

8.1 引言

1992 年至今，我国出口多样化程度有较大提高，1993—2012 年我国的出口多样化程度总体从 0. 063 增加到 0. 265。在半内生经济增长理论框架下，出口品多样化会促进发展中国的经济增长，带来人均收入水平的提高；基于规模经济和垄断竞争市场环境的假设，水平差异化产品产业内贸易模型说明伴随着出口多样化，出口规模会增加。那么伴随着我国出口多样化程度的不断加深，是否对我国经济增长和出口规模的扩大产生了促进作用？对此问题的判断，关系到我国出口贸易利益的评估。

基于 Feenstra 和 Kee（2004）对出口品多样化的直接度量指标，首先基于贸易数据计算了 1993—2012 年中国出口广度边际指数，量化我国出口品多样化程度的变化，从总体和贸易地理方向两个方面直观了解我国出口品种类的变化特征；其次依据 Funke 和 Ruhwedel（2001, 2005），建立实证模型，研究了出口多样化对我国 GDP 增长、出口绩效的影响，实际估算出口多样化的贸易利益。

8.2 文献回顾

Meltiz（2003）异质性企业模型说明出口企业的生产率高于国内生

产的企业，所以当出口品多样化程度上升时，整个社会的生产率水平都会提高，出口品多样化程度的提高会促进一国经济增长。在半内生经济增长理论框架下，Funke 和 Ruhwedel（2005）通过采用 5 位 SITC 贸易数据实际计算这些国家出口多样化程度，并建立实证模型研究了 14 个东欧转型经济国家的出口多样化对其经济增长的影响，研究结果表明这些国家的出口导向政策带来的出口品多样化程度促进了这些国家的经济增长。Funke（2000）对 OECD 国家的研究结论同样支持了出口品多样化有利于经济增长的结论。Agosin（2008）利用 1980—2003 年的数据研究了发展中国家出口多样化对其经济增长的影响，发现出口品多样化对发展中国家经济增长具有显著影响。Veseem（2016）利用动态面板数据模型的估算结果发现转型经济体的出口多样化与其全要生产率 TFP 增长之间的正相关关系。Feenstra 和 Kee（2004）利用 1991 年 34 个国家对美国的出口数据，建立横截面数据模型估算了各国对美国出口多样化对其全要生产率的影响，研究结果表明出口多样化程度越高的国家其全要生产率也越高。Feenstra 和 Kee（2008）通过提出内生性的全要素生产率估算方法，估算了出口品多样化对一国内和国家之间全要素生产率差异的不同影响效应，研究结果显示出口品多样化能够解释一国国内劳动生产率变化的 40%，但只能说明国家之间劳动生产率差异的一小部分。

对中国的经验数据的研究，由于采用的度量指标不同，关于我国出口多样化程度以及出口品多样化对经济增长的作用的判断在不同的文献中有很大差异。沈程翔（1999）基于 SITC 2 位编码度量指标计算短期、中期出口多样化及其变迁指标，研究结果显示 20 世纪 80 年代中后期，我国出口商品结构的转变是以朝着更为多样化的方向发展为特征的，但出口多样化却与我国经济增长率之间存在较明显的负向联系。韩剑（2009）采用 HI（赫芬达尔）指数衡量出口多样化程度，基于 SITC3 位编码进行了计算，发现 1985—2003 年我国出口多样化程度呈现先迅速提高后缓慢下降，动态最小二乘法回归结果验证了我国出口多样化对经济增长的推动作用明显。张明志等（2013）基于 SITC 四位码的产品进口数据，研究 1962—2011 年中国的出口多样化系数，发现中国出口多样化发展整体上呈现出震荡式收敛的态势，出口多样化与中国经济增长之间存在长期稳定的协整关系。祝树金（2013）采用 HI（赫芬达尔）指数出口多样化度量指标，基于中国 30 个省份 400 多个工业的出口数据，构建了水平和垂直出口多样化指标，对出口多样化在我国地区经济增长中的作用进行了实证检验，研究发现，出口多样化对我国地区经济增长的推动作用非常明显。

出口品多样化的贸易利益研究另一方面体现伴随着出口多样化程度的加深出口规模的变化上。Funke 和 Ruhwedel（2001）研究了 10 个东亚国家的出口多样化对其出口的影响，研究结果发现东亚国家出口多样化的加深提高其在国际市场的竞争优势，进而带来其出口规模的扩大。张永昌和龚向明（2011）利用出口集中度指数衡量我国出口多样化程度，发现我国出口集中度成“U”型特征，使得出口波动和出口集中度呈现整体上的不一致和阶段上的一致性，发展中国家可以通过出口多样化减缓出口波动。

上述关于我国出口多样化对经济增长和出口规模的影响的实证研究文献，对出口品多样化程度的计算指标存在的问题或基于粗略的 SITC 编码，或采用传统的出口集中度指标，对我国出口多样化程度的计算结果存在明显的不一致性；对出口多样化对我国经济增长和出口的影响的判断也是不同的。

本章基于最新的 Feenstra 和 Kee（2004）的出口多样化度量指标，采用 HS 编码数据，实际分析我国 1992—2012 年出口多样化程度的变化特征，并建立面板模型研究了我国出口多样化对经济增长的影响。与本章研究相关的文献有刘修岩（2013）。基于细分的贸易数据，结合 Feenstra 和 Kee（2004）的出口多样化指标的计算，刘修岩（2013）分析了 1993—2009 年我国工业行业出口多样化，发现我国工业行业总体出口多样化有明显的提高，并且显著促进了要素生产率的提升。本章研究基于同样的指标的计算，关注的是我国出口总体、对不同地理方向出口多样化程度的变化，建立实证模型研究了我国出口多样化对经济增长和出口规模的影响，研究的侧重点不同，在出口多样化的贸易利益判断上，从另一个角度提供经验支持，对现有文献形成有益补充。

8.3 中国出口品多样化程度的变化

8.3.1 指标的构建

基于 Feenstra 和 Kee（2004），我们采用出口广度边际指标（Extensive Margin Index）计算中国对贸易伙伴国的出口多样化程度。具体地：

$$EM_{Cm} = \frac{\sum_{i \in I_{jm}} p_{Cmi} x_{Cmi}}{\sum_{i \in I} p_{kmi} x_{kmi}} \tag{8-1}$$

（8-1）式中，EM_{Cm}是中国向国家 m 出口品的广度边际，它反映了我国出口新产品的能力。其中，C 表示中国，m 国是中国各个出口地理方向，K 是选取的参照国，本章计算中选择的参照国是除中国之外的世界上的其他国家；I 是 K 国向 m 国出口的产品种类集，I_{Cm}是中国向 m 国出口的产品种类集，I_{Cm}是 I 的子集。据此，EM_{Cm} = 中国对国家 m 的出口总额/世界上其他国家对 m 国的出口总额。

第二步，中国出口总体的多样化程度指标 EM_c 。

$$EM_c = \prod_{m \in M_{-c}} (EM_{Cm})^{\alpha_{Cm}} \tag{8-2}$$

（8-2）式是将（8-1）式中国对各个国家的出口多样化程度进行加权，获得中国出口总体的多样化程度。α_{jm} 是对数加权值。其中，$\alpha_{Cm} = \frac{s_{Cm}}{\ln s_{Cm}} / \sum_{m \in M_{-c}} \frac{s_{Cm}}{\ln s_{Cm}}$，$s_{Cm} = \frac{p_{Cm} x_{Cm}}{\sum_{m \in M_{-c}} p_{Cm} x_m}$是中国对国家 m 的出口，在中国

对除中国之外的世界上其他国家总出口中的占比。

8.3.2 数据来源

计算中使用了 1991—2012 年中国对各个进口国的出口总额，数据来源于中经网统计数据库，世界上其他国家对国家 m 的出口总额 = 国家 m 从世界的进口总额 - 从中国的进口总额（等于中国对国家 m 的出口总额），其中国家 m 从世界的进口总额数据来自联合国贸易发展委员会统计数据库。

8.3.3 计算结果

表 8 - 1 是按照上述公式计算的 1993—2012 年中国总体的出口多样化指数。表 8 - 1 的结果显示，我国出口的多样化指数从 1993 年的 0.063 上升到 2012 年的 0.265，上升了 400% 多，而出口地理方向国家数从 1993 年的 146 个国家增加到 2012 年 192 个国家，而入世之前 1999 年到 2000 年是我国出口地理方向扩张最大的一年。从出口广义边际指标的计算来看，出口多样化程度的提高与出口品的种类集密切相关，出口品种类的扩大取决于出口新产品的能力以及出口地理方向两个方面。因此，我国出口多样化程度的快速提高说明经过改革开放，我国出口新产品以及出口地理方向不断扩大，带来我国出口多样化有了很大的提升。

表 8 - 1　1993—2012 年中国出口多样化指数 EM

年份	EM	国家数
1993	0.063	146
1994	0.025	149
1995	0.080	151
1996	0.071	152
1997	0.087	152
1998	0.081	153
1999	0.075	153

续表

年份	EM	国家数
2000	0. 078	188
2001	0. 090	189
2002	0. 108	189
2003	0. 125	193
2004	0. 140	192
2005	0. 154	193
2006	0. 171	192
2007	0. 185	192
2008	0. 174	192
2009	0. 196	191
2010	0. 211	192
2011	0. 221	192
2012	0. 265	192

资料来源：根据中经网及 UNCTAD 数据计算。

为进一步反映我国对具体国别（地区）的出口新产品能力的变化，我们首先分析了对在我国出口地理方向上排前 10 位的重要贸易伙伴的出口多样化指数的变化，结果体现在表 8 - 2 中。表 8 - 2 显示中国对前 10 个国家或地区的出口多样化程度均显示上升。在中国出口占比排前 10 位的国家或地区中，有 5 个国家或地区属于亚洲，它们是中国香港、日本、韩国、印度和新加坡，其中中国内地对中国香港的出口多样化值从 1993 年就很高，达到了 0. 185，之后，在 2012 年上升到 1. 406，上了近 8 倍，由于中国香港在与内地的贸易中主要是承担转口贸易，而这些转口贸易中的大多数又出口到了美国，所以这些如果进一步考虑进去，中国对美国的出口多样化指数要比实际计算的值高很多。除去中国香港外，亚洲地区的日本是中国第一大贸易伙伴，并且从计算结果绝对值比较来看，中国对日本的出口多样化指数在 1993—2012 年，都是最大的，但如果从发展速度上看，中国对日本的出口多样化指数的上升程度却不是最大的，在此期间，中国对印度的出口多样化指数上升程度最高，上升了 10 倍多。

表 8-2　1993—2012 年中国对在中国出口占比中排前 10 位国家(或地区)的 EM

年份	美国	中国香港	日本	韩国	德国	荷兰	印度	英国	俄罗斯联邦	新加坡
1993	0. 029	0. 185	0. 070	0. 035	0. 012	0. 015	0. 012	0. 009	0. 065	0. 027
1994	0. 032	0. 242	0. 085	0. 045	0. 013	0. 016	0. 022	0. 010	0. 032	0. 026
1995	0. 033	0. 225	0. 093	0. 052	0. 012	0. 018	0. 023	0. 011	0. 028	0. 029
1996	0. 034	0. 195	0. 097	0. 053	0. 013	0. 019	0. 018	0. 011	0. 025	0. 029
1997	0. 038	0. 258	0. 104	0. 067	0. 015	0. 024	0. 023	0. 013	0. 028	0. 034
1998	0. 042	0. 262	0. 118	0. 072	0. 016	0. 027	0. 024	0. 015	0. 030	0. 040
1999	0. 041	0. 256	0. 117	0. 070	0. 017	0. 027	0. 025	0. 015	0. 036	0. 042
2000	0. 043	0. 263	0. 123	0. 076	0. 019	0. 032	0. 031	0. 019	0. 047	0. 045
2001	0. 048	0. 299	0. 148	0. 097	0. 020	0. 036	0. 039	0. 020	0. 053	0. 053
2002	0. 062	0. 391	0. 168	0. 114	0. 024	0. 043	0. 050	0. 023	0. 061	0. 064
2003	0. 076	0. 486	0. 184	0. 127	0. 030	0. 054	0. 048	0. 028	0. 086	0. 070
2004	0. 089	0. 586	0. 193	0. 141	0. 034	0. 061	0. 063	0. 033	0. 103	0. 079
2005	0. 104	0. 708	0. 194	0. 155	0. 044	0. 077	0. 067	0. 038	0. 118	0. 091
2006	0. 119	0. 861	0. 188	0. 168	0. 047	0. 080	0. 089	0. 042	0. 107	0. 108
2007	0. 130	0. 993	0. 196	0. 187	0. 048	0. 092	0. 117	0. 054	0. 146	0. 127
2008	0. 132	0. 943	0. 180	0. 205	0. 053	0. 086	0. 109	0. 060	0. 128	0. 112
2009	0. 159	0. 894	0. 216	0. 199	0. 057	0. 090	0. 130	0. 064	0. 101	0. 139

续表

年份	美国	中国香港	日本	韩国	德国	荷兰	印度	英国	俄罗斯联邦	新加坡
2010	0.168	0.979	0.211	0.193	0.069	0.107	0.132	0.070	0.135	0.116
2011	0.167	1.103	0.210	0.188	0.065	0.110	0.122	0.070	0.137	0.108
2012	0.177	1.406	0.207	0.203	0.063	0.111	0.108	0.072	0.151	0.120

资料来源：根据中经网及 UNCTAD 数据计算。

其次，我们对中国的出口地理方向按发达国家和发展中国家进行分类，分别统计了中国对发展中国家和发达国家的出口多样化指数，结果见表8－3。表 8－3 的统计结果表明 1993—2012 年间，中国对发达国家总体和发展中国家总体的出口多样化指数也都显示为上升的趋势，但中国对发展中国家总体的出口多样化指数在绝对值和相对值上都高于对发达国家总体的。具体来看：①从出口多样化指数的绝对值上看，1993 年里，中国对发达国家总体的出口多样化指数为 0.024，而对发展中国家的出口多样化指数为 0.033，此后，经过 20 年，这一状态仍未改变，到 2012 年分别为 0.095 和 0.186；②1993—2012 年，中国对发展国家总体的出口多样化指数上升了近 6 倍，而对发达国家总体的出口多样化指数上升了近 4 倍。

表 8－3　1993—2012 年中国对发达国家和发展中国家出口的 EM 指数

年份	发达国家（OECD）	发展中国家
1993	0.024	0.033
1994	0.031	0.035
1995	0.036	0.036
1996	0.027	0.030
1997	0.031	0.033
1998	0.039	0.036
1999	0.034	0.038
2000	0.032	0.040
2001	0.035	0.052
2002	0.041	0.055
2003	0.056	0.079
2004	0.063	0.082
2005	0.067	0.077
2006	0.076	0.042
2007	0.081	0.105
2008	0.087	0.090
2009	0.089	0.129

续表

年份	发达国家（OECD）	发展中国家
2010	0. 110	0. 166
2011	0. 105	0. 190
2012	0. 095	0. 186

资料来源：根据中经网及 UNCTAD 数据计算

8. 4 出口多样化对中国经济增长的影响

根据上文的分析，从 1993 年至 2012 年我国的出口多样化程度总体从 0. 063 增加到 0. 265。而改革开放至 2014 年，我国的人均收入从 419. 25 元增长到 46628. 51 元，增长了 110 多倍（图 8 –1）。

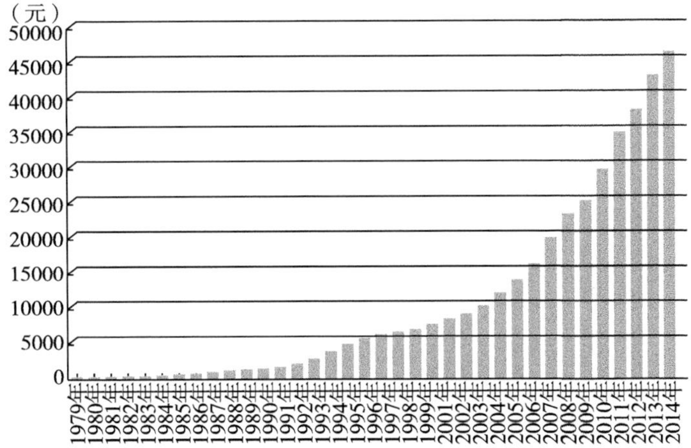

图 8 –1　1979—2014 年我国人均 GDP

8. 4. 1　理论基础：半内生经济增长理论框架下出口品多样化对人均产出增长的影响

出口多样化对经济增长的影响可以在半内生经济增长理论框架下得到解释。所谓的半内生经济增长理论，与内生经济增长率理论有所不同。内生经济增长理论强调：（1）技术进步率是内生的；（2）政府的外生性政策因素会促进技术进步，从而促进长期经济增长率。而在半内生经济增长理论框架下，虽然仍然保持了技术进步率是内生的假设，但政府政策不具有增长效应，而只具有水平效应。这是因为相对于内生经济增长理论，半内生经济增长理论更加强调发展中国家的技术模仿对经济增长的作用。在此框架下，世界的技术边界既定，随着发展中国家掌握的技术越多，技术进步的可能性越小，从而经济增长的空间越小，所以外生性的政策，比如开放带来的出口品种类的增加只会带来增长的水平效应，而无增长效应，半内生经济增长理论由 Jones（1998）提出，Funke 和 Ruhwedel（2005）以此为理论基础，研究了东欧转型经济体出口品多样化对其经济增长的影响。根据 Funke 和 Ruhwedel（2005）的理论分析，在半内生经济增长理论框架下，稳态增长路径上的人均产出水平为：

$$y^*(t) = \left(\frac{sK}{m + g + \delta}\right)^{\frac{\alpha}{1-\alpha}} n^*(t) \tag{8-3}$$

（8-3）式说明稳态的人均产出水平取决于经济体中产品多样化水平程度，它与产品多样化程度成正相关。但在此模型中产品多样化对经济增长只具有“水平效应”而无“增长效应”。例如，一国开放，这带来 ϕ 的增加，带来产品种类的增长率超过稳态值 g。但随着时间的累积，n 的上升又会带来 $\left(\frac{A}{n}\right)$ 值的下降，因此，产品种类的增长率又会回到稳态值 g。因此在半内生经济增长理论中，政策例如对外开放，只会提高稳态的人均产出水平，但却不会提高稳态的人均产出增长率。

8.4.2 实证模型

在具体分析出口多样化对我国人均 GDP 增长的影响前，我们首先从直观上了解一下出口多样化对我国人均 GDP 的影响。图 8-2 显示，二者之间存在明显的正相关关系。

根据（8-3）式，建立如下的面板回归模型，分析出口多样化对我国经济增长的影响：

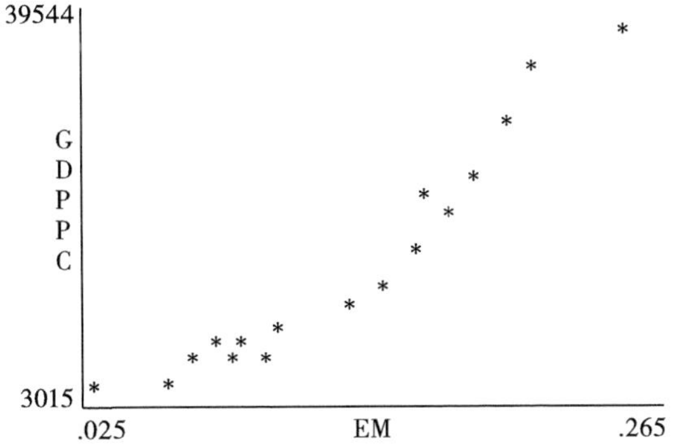

图 8-2 出口多样化与我国人均 GDP 的关系

$$\ln Y_{Cit} = \alpha + \beta IY_{Cit} + \gamma \ln EM_{cit} + \varepsilon_t$$

其中 Y_{it} 表示 1993—2012 年中国与国家 i 的人均 GDP 比值，IY_{it} 表示 t 时期中国 GDP 中总固定资产投资总量占比比率。EM_{it} 表示 t 时期中国与国家 i 的相对出口多样化指数。

模型中使用的 GDP 和固定资产投资总量数据来源于 penn world table，EM 指标是根据联合国贸易发展委员会统计数据库统计数据计算得到。

8.4.3 实证结果

我们使用了中国与 143 个国家的固定投资 GDP 占比比率数据建立实证模型分析出口品多样化对人均收入的影响。具体来说：

表 8-4 第（1）列是根据我国自身的时间序列数据回归结果，可以看出我国的出口多样化对我国人均 GDP 有正向促进作用，我国的出口多样化指数每上升 1 个百分点，带来我国人均 GDP 增长 5.1 个百分点；第（2）~（4）列是用中国与各国数据的相对值，采用混合面板数据、控制年份和国家固定效应的估计结果。可以看出，中国与各国的相对出口多样化指数，对我国与各国的相对 GDP 都有正向促进作用，在 0.35% 到 0.55% 之间。

表 8-4　出口品多样化对我国经济增长的影响回归结果

自变量	(1)	(2)	(3)	(4)
IY	4.71***	0.96***	0.88***	0.06***
	(4.58)	(2.99)	(29.17)	(2.98)
EM	5.10**	0.55***	0.32***	0.45***
	(2.51)	(2.39)	(14.82)	(40.66)
常数项	9.47***	-4.71***	-2.34***	-2.49***
	(10.93)	(-32.35)	(-12.32)	(-14.21)
R^2	0.95	0.24	0.34	0.89
观测值个数	20	5694	5694	5694
方法	时间序列分析	混合面板回归	年份固定效应	国家固定效应

注：1. (1) 中因变量是我国人均 GDP 的对数值，(2) ~ (4) 是我国与国家 i 的人均 GDP 的比值；

2. "( )" 中是回归系数的 t 值，"*"、"**"、"***" 分别表示 10%、5% 和 1% 的显著性水平。

8.5　出口品多样化对中国出口的影响

8.5.1　理论基础

水平差异化产品产业内贸易理论认为，在要素禀赋和生产要素比例相近或相似情况下，国际贸易利益来自产品多样化。一方面，企业可以通过大规模专业化生产取得规模节约的经济效果，其平均成本随着产量的增加反而会减少，也就为其市场扩张提供了竞争优势。另一方面，对于两个具有相同或相似要素禀赋的国家，若一国在某种产品生产上享有成本递减的规模经济，则在同样的长期成本曲线上，该国该产品将以较大的产出和较低的成本排挤另一国同一产品而占据优势，取得贸易利益，并使另一国的要素转向其他相似产品或产业；倘若一国在某种产品生产上具有规模优势，而另一国在另一种相似产品上具有规模经济，则产业内贸易就会发生，双方都将从贸易中获得利益。由于垄断竞争的市场环境下，企业的自由进入出入带来其长期利润为0，因此产业内贸易利益表现为消费者从多样化消费中获得的福利水平的提高。

根据 Krugman（1980）模型，在世界经济均衡状态下，本国和外国生产的差异化产品种类分别为：

$$n = \frac{(1-\theta)L}{\alpha} \text{和} n^* = \frac{(1-\theta)L^*}{\alpha} \quad (8-4)$$

（8-4）式说明：当一国资源（经济规模）增加时，更多的产品种类被生产出来，当这些产品种类都被两国的消费者购买时，出口品种类数与出口规模都同时增长。

8.5.2 实证模型

根据 Michael Funke、Ralf Fuhwedel（2001），我们建立如下的实证模型：

$$\ln X_{it} = \beta_0 + \beta_1 \ln reer_{it} + \beta_2 \Delta \ln Y_t^w + \beta_3 EM_{it} + \varepsilon_{it}$$

其中 X_{it} 和 X_{it-1} 是 t 时期和 $t-1$ 时期我国的出口总额，是人民币的实际有效汇率，Y_t^w 是 t 时期世界的实际 GDP 总量，EM_{it} 是我国的出口多样化指数。预测人民实际有效汇率的上升，会提高一外币表示的我国出口品的价格，会降低出口；而出口作为有效需求，受世界收入水平的影响，世界的产出水平越高，我国的出口越高；我国出口多样化指数 EM_{it} 也会对我国出口增长起到正向促进作用。

8.5.3 数据来源

我们使用了1993—2012年的时间序列数据对上述模型进行了估计，其中我国的出口总额数据来自于国家统计局统计数据，世界的 GDP 数据来自于世界银行网站，实际有效汇率指数数据来自于世界清算银行网站①。

① http：//www. bis. org/statistics/eer. htm。

8.5.4 实证结果及分析

模型分析的实证结果如下：

表 8-5 出口多样化对我国出口影响回归结果

	(1)	(2)
$lnreer_t$	0.620 (0.91)	0.0777 (0.12)
EM	14.49*** (12.83)	8.336* (2.12)
$dlny^w$	1.657 (1.59)	
lny^w_{t-1}		1.362* (1.79)
_cons	-0.955 (-0.32)	-2.631 (-0.79)
N	18	18
R^2	0.94	0.94

表 8-5 的实证结果显示，有效汇率对我国出口增长不具有显著的影响，世界产出水平对我国出口增长的影响具有滞后性，上一年的世界产出水平对我国出口增长有正向的促进作用，世界产出每增长 1 个百分点，我国出口的世界产出弹性为 1.362；而由出口多样化带来的我国出口增长是明显的，估计结果显示，我国出口多样化指数增长 1 个百分点，带来我国出口增长 8.336 个百分点。

上述实证结果显示，在以非价格竞争为主的世界竞争格局下，相对于价格，出口品多样化包括已有出口品的差异化程度提高，或出口新产品能力的提高，都是我国出口竞争力提升的来源，会带来我国出口的稳定增长。

8.6 结论

本章以 GDP 和出口规模作为外贸利益的量化指标，在实际计算我国 1993—2012 年出口多样化指标的基础上，建立实证模型分析了出口多样化的福利效应。实证结果表明：（1）我国出口多样化程度的提高对我国 GDP 的增长有正向的促进作用；（2）出口多样化是我国出口竞争力提升的重要来源，有利于我国出口的稳定增长。

9 结论与研究展望

9.1 主要结论

新贸易理论和新新贸易理论框架下，贸易引发的产品多样性对一国经济增长和增长效率的提高具有重要作用。本书利用细分的贸易数据研究我国从进口和出口品多样化中得到的外贸利益。具体得到的结论如下：

第一，基于 HS 8 位编码海关进口数据研究结果显示，2000—2011 年，我国进口差异化产品的替代弹性总体平均值为 43.1。由于当替代弹性值超过 10 时，进口贸易利益主要取决于进口价格的变化，而进口品种类变化的作用较小。因此，对于我国现阶段进口贸易利益总体而言，进口品种类增加的作用要小于进口品价格下降的作用。但另一方面我国进口品替代弹性中位数为 7.6，小于 10，则说明在我国进口中超过一半的进口产品，其进口贸易利益主要依赖产品种类增加，所以重视进口品种类增长对我国获得更多的进口外贸利益具有不可忽视的作用。因此，我国既不能对所有产品都利用进口品种类增长来促进进口贸易利益的提高，但又不能忽略进口品种类增长的外贸利益；按照进口品种类占比得到的进口品种类的变化程度小于对进口品种类的直接计数得到结果，这是由于进口品种类增长的福利效应是进口品种类数和单个新增进口品种类的贸易额综合作用的结果。为提高我国进口品多样化程度，需要进一步加大单个新增进口品种类的进口额；2000—2011 年我国实际

进口价格指数的下降使得实际产出增长约为2011年GDP的0.56%

第二，通过建立HS 2位编码水平的产业面板数据，证明我国进口品和国产品的差异化产品种类之间存在替代性，估算结果显示，行业内进口品和国产品之间替代程度按照从高到低的顺序排，排在前5位的依次是：纺织服装鞋帽皮革羽绒及其制品业，非金属矿物制品业，造纸印刷及文教体育用品制造业，纺织业，通用、专用设备及电气机械制造业，说明在这些行业，我国进口品种类和国产品种类之间的竞争较为激烈。所以，忽略国内产品种类和进口品种类之间的影响，估算我国进口品种类增长的贸易利益是有偏的。通过将由于忽略二者的替代弹性产生的总估算分解成由于国内劳动生产率变化和由于贸易成本变化产生的估算偏误二部分，得出2000—2011年，我国进口品的相对劳动生产率的变化程度高于进口关税的变化程度，我国进口品种类增长的估计偏误主要是由相对劳动生产率的变化带来的，而关税等贸易成本的变化起着次要作用。这反过来说明，只要国内产品具有优势，降低关税扩大进口带来的国内福利损失是很小的。

第三，我国进口品质量、性价比以及质量阶梯的分析结果显示，首先，从时间变化的角度来看，2002—2008年，虽然我国进口品总体的质量是略有下降的，但进口性价比总体却是上升的，进口的质量阶梯总体也呈现“拉长”趋势，进口的价格与质量的相关性增强。

从产业的角度来看，2002—2008年，我国17个产业中，进口品质量呈上升趋势的产业有农林牧渔业，煤炭、石油、天然气开采、加工业，采矿业，金属制品业，通用、专用设备制造业，电气机械及器材制造业，交通运输设备制造业和工艺品及其他制造业，其他产业的进口品质量的均值都呈现下降的趋势；除采矿业、交通运输设备制造业两个行业的进口性价比略有下降外，其他行业的进口性价比都是上升的，与进口品质量变化相比较，进口性价比上升的产业分布更广。除煤炭、石油、天然气开采、加工业在2008年进口品质量阶梯有微小下降趋势外，其余16个产业的进口品质量阶梯都呈现“拉长”的趋势。

从进口地理方向的角度来看，2002—2008年我国从各大洲进口品质量都是呈下降的趋势。对比从各大洲进口品的质量均值，按照从高到低的顺序，2002年进口品质量最高的在亚洲地区，到2008年，则改变为北美洲。但我国进口性价比最高的地理方向集中在欧洲和北美洲。从进口质量阶梯的绝对值上来看，我国进口品质量按从长到短的顺序排列，依次为拉丁美洲、欧洲、大洋洲、非洲、北美洲和亚洲。对比欧洲和北美洲地区，虽然都是发达国家，且进口品的质量平均水平都较高，但从这些国家进口品质量阶梯差异是很大的，欧洲地区的进口品质量阶梯要大大地高于北美地区的进口品，欧洲地区进口品的价格质量相符度较高，因此，从进口性价比以及质量阶梯的角度，应该扩大从欧洲地区的进口。

从BEC分类的角度来看，2002—2008年，我国进口资本品、中间品的质量呈现上升的趋势，而我国进口消费品的质量略有下降；而三大类产品的进口性价比、进口质量阶梯都呈现“拉长”的趋势。进口商品结构朝着更为优化的方向发展。

我们进一步从产业、洲际地理方向、BEC分类三个角度研究了进口品质量对产业产出的影响，与规模以上企业层面数据的研究结论不同的是，产业的进口品质量对其产出具有负向影响，这一研究结论说明入世后，进口对国内小企业的互补效应为主，竞争效应为辅，进口品质量的下降反而促进了行业的产出上升。

第四，通过将海关HS 8位编码与BEC分类相匹配，我们基于海关数据分析了2000—2011年我国进口中间投入品种类的变化，发现此期间我国新的进口中间投入品种类大大地增长，每年新增加的进口中间投入品种类占当年进口中间投入品种类总数的20%以上，新增加的进口中间投入品的进口总额在进口中间投入品进口总额中的占比达到5%。基于企业层面的实证研究结果表明，我国企业的新进口中间投入品促进了新产品的生产，而他控制变量的影响都不显著。说明对企业而言，新的进口中间投入品作为新技术的代表，融入企业的生产环节，弥补了技术差距，促进了新产品的创新。

第五，1992 年至今，我国出口多样化程度有较大提高，从 1993 年至 2012 年我国的出口多样化程度总体从 0.063 增加到 0.265。出口品多样化的贸易利益的实证结果表明：（1）我国出口多样化程度的提高对我国 GDP 的增长有正向的促进作用；（2）出口多样化是我国出口竞争力提升的重要来源，有利于我国出口的稳定增长。

9.2 研究展望

贸易品多样化的贸易利益涉及内容广泛，目前本书的研究内容只是对其中的一部分进行了研究，以下内容是未来的研究方向。

9.2.1 贸易自由化、进口品多样化和贸易利益

贸易壁垒降低进口品的市场份额，从而降低出口企业的利润，使部分企业停止出口，导致进口品种类的减少（Romer，1994）。Amiti 和 Konings（2007）首次区分了中间品和消费品进口关税的下降，通过进口品种类的变化渠道对劳动生产率的不同影响。钱学峰和熊平（2010）与马涛和刘仕国（2010）也研究了贸易成本对进出口品多样化的影响，但未区分最终消费品和中间品关税下降的不同作用。目前，区分消费品和中间品关税下降如何通过进口品多样化的变化来影响我国劳动生产率的研究甚少，有待进一步深入。

9.2.2 出口品多样化的产生机制

Saviotti 和 Frenken（2008）研究了产业内和产业间产品多样化对生产率的不同作用，发现前者更具促进作用。关于出口品多样化的产生机制，Derosa（1992）在 H－O 框架下说明一国出口品种类受要素禀赋约束，当稀缺要素密集型产品的生产超越 Pareto 最优生产可能性边界时，

出口品多样化程度的提高反而降低经济福利。在产品内分工下，一国的生产受进口中间品和要素禀赋的共同影响，因此结合传统及新贸易理论，研究出口品多样化的产生机制及其结构对劳动生产率的作用，将填补理论和实证上的一块空白。

9.2.3 贸易利益的分配

关于贸易利益的研究包括两个方面：一是一国获得了多少贸易利益；二是这些贸易利益如何在各个利益集团之间分配。本书的研究主要涉及第一层面——产品多样化视角下我国获得了多少贸易利益。而对贸易利益的分配并未涉及，未来的研究希望将研究朝贸易利益的分配方向拓展。例如，进口贸易通过影响产品多样性、质量和价格对高低收入群体之间的收入分配产生影响。因此，需要进一步利用家庭的收入支出数据，结合进口贸易引起的国内产品种类以及产品质量的变化数据，估算进口贸易利益在不同收入群体之间的分配。

参考文献

[1] Acemoglu, D. (2009). Introduction to Modern Economic Growth. Princeton University Press, Princeton.

[2] Adrelean A., Lugovskyy V. (2010). Domestic productivity and variety gains from trade[J], Journal of international economics, 80:280 - 291.

[3] Aghion, P., Howitt, P. (1998). Endogenous Growth Theory. MIT Press, Cambridge MA.

[4] Aghion, P., Howitt, P., (2005). Growth with quality - improving innovations: an integrated framework. In: Aghion, P., Durlauf, S. (Eds.), Handbook of Economic Growth, 67 - 110.

[5] Agosin, M. R. (2008). Export diversification and growth in emerging economies[R].

[6] Amiti M., Konings, J. (2007). TradeLiberalization, Intermediate Inputs and Productivity: Evidence from Indonesia, American Economic Review, 97: 1611 - 1638.

[7] Antoniades A. (2015). Heterogeneous Firms, Quality, and Trade, Journal of International Economics 95:263 - 273.

[8] Armington P. (1969). A theory of demand for products distinguished by place of production[J]. IMF Staff Paper, (1): 159 - 178.

[9] Baldwin R. (1992). Measuring dynamic gains from trade, Journal of political economy[J], 100(01):162 - 174.

[10]Berry, S. (1994). Estimating Discrete – Choice Models of Product Differentiation", The RAND Journal of Economics, 25:242 – 262.

[11]Blalock G. and Velosof M. (2007). Imports, productivity growth and supply chain learning [J]. World Development, 35(7): 1134 – 1151.

[12]Blonigen, B. A. and Soderbery A. (2009). Measuring the Benefits of Product Variety with an Accurate Variety Set. NBER WP 14956.

[13]Brander, J. A. , Krugman P. A (1983). Reciprocal Dumping Model of International Trade[J]. Journal of International Economics, 15(3/4): 313 – 321.

[14]Broda C, Weinatein D E. (2006). Globalization and the gains from variety[J]. Quarterly Journal of Economics, (2): 541 – 585.

[15]Coe D. T. and Heopman E. (1995). International R&D spillovers [J]. European Economic Review,39 (1) : 859 – 887.

[16]Colantone I. , Crinò R. (2014). New imported inputs, new domestic products, Journal of International Economics 92:147 – 165.

[17]Diewert W. E. (1976). Exact and superlative index numbers[J]. Journal of Econometrics, (2): 115 – 145.

[18]Dixit,A. K. ,Stiglitz,J. E. (1977). Monopolistic Competition and Optimum Product Diversity[J], The American Economic Review, 67 (3): 297 – 308.

[19]Ethier,W. J. (1982). National and international returns to scale in the modern theory of international trade[J], The American Economic Review, 72(3):389 – 405.

[20]Ethier. W. E. (1982). National international returns to scale in the modern theory of international trade [J],The American Economic Review, 72: 950 – 959.

[21]Feenstra R C. (1994). New product varieties and the measurement

of international prices[J]. American Economic Review, (1): 157 - 177.

[22]Feenstra R., Kee H. L. (2004). On the Measurement of Product Variety in Trade The American Economic Review, 94(2):145 - 149.

[23]Feenstra R., Kee H. L. (2008). Export Variety and Country Productivity: Estimating The Monopolistic Competition Model With Endogenous Productivity[J], Journal of International Economics, 74:500 - 518.

[24]Feenstra R. C., Markusen J. R., Zeile W. (1992). Accounting for growth with new inputs: theory and evidence[J]. American Economic Review, (2): 415 - 421.

[25]Feenstra, R. (1992). How Costly Is Protectionism. Journal of Economic Perspectives, Journal of Economic Perspectives [J]. VI:159 - 178.

[26]Feenstra, R. C. (2009). Measuring the Gains from Trade UnderMonopolistic Competition. Mimeo.

[27] Funke M., Fuhwedel R. (2005). Export Variety and economic growth in east European transition economies, economics of transition, 13 (1):25 - 50.

[28]Funke M. l, Fuhwedel R. (2001). Export Variety and export performance: empirical evidence from east Asia, Journal of asian ecnomics, 12: 493 - 505

[29]Goldberg P K et al. (2010). Imported intermediate inputs and domestic product growth: evidence from India[J]. Quarterly Journal of Economics, (2): 1727 - 1767.

[30]Goldberg, P. and Pavcnik, N. (2007). Distributional Effects of Globalization in Developing Countries[J]. Journal of Economic Literature, 45: 39 - 82.

[31]Goldberg, P. K., Khandelwal, A. K., Pavcnik, N., & Topalova, P. (2010). Imported Intermediate Inputs and Domestic Product Growth:

Evidence from India [J]. The Quarterly Journal of Economics, 125 (4): 1727 – 1767.

[32] Grossman G. M. , Helpman E. (1991). Innovation and Growth in the Global Economy [M]. MIT Press, Cambridge MA.

[33] Grossman, G. , Helpman, E. (1991). Quality Ladders and Product Cycles [J]. Quarterly Journal of Economics, 106: 557 – 586.

[34] Grossman, G. M. , Helpman, E. (1989). Product development and international trade [J]. Journal of Political Economy, 97 (6): 1261 – 1283.

[35] Haichao Fan, Yao Amber Li, Stephen R. Yeaple, (2018) On the relationship between quality and productivity: Evidence from China's accession to the WTO [J]. Journal of International Economics 110:28 – 49

[36] Hallak, J. C. (2006). Product Quality and the Direction of Trade [J]. Journal of International Economics, 68:238 – 265.

[37] Hallak, J. C. and Schott, P. (2007). Estimating Cross – Country Differences in Product Quality [M]. Mimeo, Yale University.

[38] Halpern L. Koren M. Szeidl A. (2015). Imported inputs and productivity [J]. American Economic Review, 105(12):3660 – 3703

[39] Hausman J A. (1981). Exact consumer's surplus and deadweight loss [J]. American Economic Review, (4): 662 – 676.

[40] Hausman J A. (1994). Valuation of new goods under perfect and imperfect competition [R]. NBER working paper No. 4970,

[41] Helpman E. , Krugman P. (1985). Market structure and foreign trade: increasing returns, imperfect competition and the international economy [M]. London, UK: MIT Press

[42] Hummels D. and Klenow P. (2005). The variety and quality of a nation's exports [J]. American Economic Review, 95 (3): 704 – 23.

[43]Hummels, D. and Klenow, P. (2005). The Variety and Quality of a Nation's Exports[J]. American Economic Review, 95:704 – 723.

[44]Jaffe A. (1986). Technological opportunity and spillovers of R&D: evidence from firms' patents, profits and market value[J]. American Economic Review, 76(5): 984 – 1001.

[45]Kaplan, D. and Verhoogen, E. (2005). Exporting and Individual Wage Premia: Evidence from Mexican Employer – Employee Data [M]. Mimeo, Columbia University).

[46]Kasahara, H. and Rodrigue J. (2008). Does the Use of Imported Intermediates Increase Productivity? [J]. Journal of Development Economics,87 (1): 106 - 118.

[47]Kemp M. (1962). Errors of measurement and bias in estimates of import demand parameters[J]. Economic Record, (83): 36 9 – 372.

[48]Khandelwal A. (2010). The long and short (of) quality ladders [J]. The Review of Economic Studies, 77(4): 1450 – 1476.

[49]Khandelwal A. K., Schott P. K., Wei S. J. (2013). Trade Liberalization and Embedded Institutional Reform: Evidence from Chinese Exporters[J]. American Economic Review, 103: 2169 – 2195

[50] Klenow, P., Rodriguez – Clare A. (1997). Quantifying Variety Gains from Trade Liberalization [R].

[51]Krugman,P. (1979). Increasing returns, Monopolistic Competition and International Trade [J], Journal of International Economics, 9: 469 – 479.

[52] Krugman, P. (1980). Scale Economics, Product Differentiation, and the Pattern of Trade[J], The American Economic Review, 70 (5): 950 – 959.

[53]Krugman, P. (1994). The myth of Asia's Miracle[J],Foreign

Affairs,73(6):62 - 78

[54] Lancaster K. (1975). Optimal Product Differentiation Reviewed [J],The American Economic Review, 65(4):567 - 585

[55]Leamer E. (1981). Is it a demand curve, or is it a supply curve? Partial identification through inequality constraints [J]. Review of Economics and Statistics, (3): 319 - 327.

[56]Liu, Q. and Larry Q. ,(2016). Intermediate Input Imports and Innovations: Evidence from Chinese Firms' Patent Filings[J]. Journal of International Economics: 166 - 183

[57]Melitz, M. J. , (2003). The impact of trade on intra - industry reallocations and aggregate industry productivity[J]. Econometrica 71 (6): 1695 - 1725.

[58]Melitz, M. J. , Ottaviano, G. I. P. ,(2008). Market size, trade, and productivity[J]. Review of Economic Studies 75 (1):295 - 316.

[59]Michael F. (2000). Product variety and economic growth:empirical evidence from the OECD countries[R] , IMF working paper

[60]Mohler L. (2009). Globalization and the gains from variety: size and openness of countries and the extensive margin[R], MPRA working Paper No. 17592.

[61] Parameswaran M. (2009). International trade, R&D spillovers and productivity: evidence from Indian manufacturing industry [J]. Journal of Development Studies, 45(8): 1249 - 1266.

[62] Pavcnik, N. (2002). Trade liberalization, exit, and productivity improvements: evidence from chilean plants [J]. The Review of Economic Studies,69(1), 245 - 276.

[63]Petrin A. (2002). Quantifying the benefits of new products: the case of the minivan [J]. Journal of Political Economy, (4): 705 - 729.

[64]Rauch J. (1999). Networks versus markets in international trade [J]. Journal of International Economics, (1): 7 -35.

[65]Rivera - Batiz L. A., Romer, P. M. (1991). Economic Integration and Endogenous Growth[J]. The Quarterly Journal of Economics, 106(2): 531 -555.

[66]Romer, P., (1994). New Goods, Old Theory, and the Welfare Costs of Trade Restrictions[J]. Journal of Development Economics[J], XLI-II:5 -38.

[67]Sato. K. (1976). The ideal log - change index number[J]. Review of Economics and Statistics, (2): 223 -228.

[68]Schott, Peter K. (2004). Across - Product versus within - Product Specialization in International Trade[J]. Quarterly Journal of Economics, 119 (2): 647 -78.

[69]Spence M. (1976). Product Differentiation and Welfare, Reviewed [J], The American Economic Review, 66 (2):407 -414

[70]Vaeria Y. (1976). Ideal log - change index numbers[J]. Scandinavian Journal of Statistics, (3): 121 -126.

[71]Verhoogen, E. (2008). Trade, Quality Upgrading, and Wage Inequality in the Mexican Manufacturing Sector[J]. Quarterly Journal of Economics, 123:489 -530.

[72]Veseem, A. Rath B. N. (2016). Trade diversification and TFP growth in emerging market economies[R], Masters thesis, Indian Institute of Technology Hyderabad.

[73]Young, A. (1991). Learning by doing and the dynamic effects of international trade[J]. The Quarterly Journal of Economics, 106(2), 369 -405.

[74]陈松,刘海云. 中国进口种类增长贸易利得的估算[J]. 国际经

贸探索,2013(7):16 - 24.

[75]陈勇兵,李伟,钱学锋. 中国进口种类增长的福利效应估算[J]. 世界经济,2011(12):76 - 95.

[76]楚明钦,丁平. 中间品、资本品进口的研发溢出效应[J]. 世界经济研究,2013(4).

[77][意]甘道尔夫 G. 国际经济学[M]. 北京:中国消费经济出版社,1999.

[78]耿晔强,史瑞祯. 进口中间品质量与企业出口绩效[J]. 经济评论,2018(5).

[79]魏浩,林薛栋. 进口产品质量与中国企业创新[J]. 统计研究,2017(6).

[80]耿晔强,郑超群. 中间品贸易自由化、进口品多样性与企业创新[J]. 产业经济研究,2018(2).

[81]韩剑. 出口多样化与经济增长:理论及对中国的经验研究[J]. 国际贸易问题,2009(8).

[82]纪月清,程圆圆,张兵兵. 进口中间品、技术溢出与企业出口产品创新[J]. 产业经济研究,2018(5).

[83]李平,姜丽. 贸易自由化、中间品进口与中国技术创新——1998—2012 年省级面板数据的实证研究[J]. 国际贸易问题,2015(7).

[84]林正静,左连村. 进口中间品质量升级与企业生产率:基于中国制造业企业的研究[J]. 南方经济,2018(11).

[85]刘修岩,吴燕. 出口专业化、出口多样化与地区经济增长[J]. 管理世界,2013(8).

[86]钱学锋,王胜,黄云湖,王菊蓉. 进口种类与中国制造业全要素生产率[J]. 世界经济,2011(5):3 - 25.

[87]沈程翔. 1980—1997:中国经济增长中的出口多样化进程与结

构变迁[J]. 上海经济研究,1999(6).

[88]沈国兵,张勋. 行业生产网络下进口中间品对中国企业创新的影响[J]. 广东社会科学,2018(3)

[89]沈利生. 我国对外贸易结构变化不利于节能降耗[J]. 管理世界,2007(10):43-50.

[90]施炳展,曾祥菲. 中国企业进口产品质量的测算与事实[J]. 世界经济,2015(3).

[91]施炳展,张雅睿. 贸易自由化与中国企业进口中间品质量升级[J]. 数量经济技术经济研究,2016(9).

[92]魏浩,林薛栋. 进口产品质量与中国企业创新[J]. 统计研究,2017(6).

[93]余淼杰,李乐融. 贸易自由化与中国进口品质量升级——来自中国海关产品层面的数据[J]. 经济学(季刊),2016(4).

[94]张杰,郑文平. 全球价值链下中国本土企业的创新效应[J]. 经济研究,2017(3).

[95]张明志,林娟,铁瑛. 出口专业化、出口多样化与中国经济增长——兼谈中国经济增长出口驱动力的转换[J]. 国际贸易问题,2013(5).

[96]张永昌,龚向明. 出口多样化一定能减缓出口波动吗?——基于经济发展阶段和贸易政策的效应分析[J]. 国际贸易问题,2011(1).

[97]赵永亮. 国内生产率与进口多样性收益分析[J]. 世界经济研究,2013(10):20-87.

[98]郑亚莉,王毅,郭晶. 进口中间品质量对企业生产率的影响:不同层面的实证[J]. 国际贸易问题,2017(6).

[99]钟建军. 进口中间品质量与中国制造业企业全要素生产率[J]. 中南财经政法大学学报,2016(3).

[100]诸竹君,黄先海,余骁. 进口中间品质量、自主创新与企业出

口国内增加值[J]. 中国工业经济,2018(8).

[101]祝树金,黄一平,张雯娟. 我国工业行业出口多样化变迁及其生产率效应研究[J]. 世界经济与政治论坛,2013(3).